Klasse! neu 2

Corinna Schicker
Morag McCrorie

OXFORD
UNIVERSITY PRESS

Anweisungen

Here are some of the instructions you will need to understand in *Klasse! neu 2*.

A fragt, B antwortet.	*A asks, B answers.*
Beantworte die Fragen.	*Answer the questions.*
Beispiel:	*Example:*
Beschreib …	*Describe …*
Dann ist B dran.	*Then it's B's turn.*
Du bist dran!	*It's your turn!*
Finde die passenden Antworten/Bilder/Sätze/Wörter.	*Find the correct answers/pictures/sentences/words.*
Finde/Findet die richtige Reihenfolge.	*Find the correct order.*
Finde/Findet Fotos/Bilder in Zeitungen/Zeitschriften usw.	*Find photos/pictures in papers, magazines, etc.*
Frag deinen Partner/deine Partnerin.	*Ask your partner.*
Füll die Lücken aus.	*Fill in the gaps.*
Gedächtnisspiel.	*Memory game.*
Hör gut zu.	*Listen carefully.*
Hör noch einmal zu.	*Listen again.*
Ist alles richtig?	*Did you get everything right?*
Kopiere …	*Copy …*
Kreuz die passenden Bilder/Namen an.	*Tick the correct pictures/names.*
Lies/Lest …	*Read …*
Lies mit.	*Follow the text.*
Mach ein Poster.	*Make/Design a poster.*
Mach eine Kassette.	*Record a cassette.*
Mach eine Umfrage.	*Carry out a survey.*
Macht (weitere) Dialoge.	*Make up (more) dialogues.*
Nimm/Nehmt die Informationen auf Kassette auf.	*Record the information on cassette.*
Ratespiel.	*Guessing game.*

Richtig oder falsch?	*True or false?*
Schau … an.	*Look at …*
Schreib …	*Write …*
Schreib die Fragen/Sätze richtig auf.	*Write down the questions/sentences correctly.*
Schreib die Antworten/Resultate auf.	*Write down the answers/results.*
Schreib die richtigen Wörter/Zahlen auf.	*Write down the correct words/numbers.*
Schreib einen Antwortbrief/eine E-Mail.	*Write a letter/an e-mail in reply.*
Schreib Sätze.	*Write sentences.*
Was ist das?	*What is that?*
Was sagen sie?	*What do they say?*
Wer ist das?	*Who is that?*
Wiederhole.	*Repeat.*
Wie heißt das auf Deutsch?	*What's that in German?*
Wie heißt das auf Englisch?	*What's that in English?*
Zeichne …	*Draw …*

Useful classroom language

Could you say that again, please?	Wiederholen Sie das, bitte.
How do you pronounce it?	Wie spricht man das aus?
How do you say 'x' in German?	Wie sagt man ‚x' auf Deutsch?
How do you spell it?	Wie schreibt man das?
I don't understand.	Ich verstehe das nicht.
What activity is it?	Welche Übung?
What page is it on?	Welche Seite?

Welcome to Klasse! neu 2!

This Klasse! neu 2 book is set in the German town of Hollfeld. In it you will meet . . .

Markus

Kathi

Cedi

Jana

Symbols and headings you'll find in this book: what do they mean?

HÖREN	a listening activity
SPRECHEN	a speaking activity
LESEN	a reading activity
SCHREIBEN	a writing activity
Vokabular	unit vocabulary list
Kannst du …	bilingual unit checklists
Wiederholung	activities to revise the language of the previous three units
Noch mal!	reinforcement activities
Extra!	extension activities
Lese-Spaß!	reading pages
Vokabular	bilingual glossary of language used in the Students' Book

▶ Los geht's!	a starter activity
Hilfe	useful words and expressions
Grammatik im Fokus	an explanation of how German works
➡ 165	refer to this page in the grammar section at the back of the book
Lerntipp	strategies to help you learn
Gut gesagt!	pronunciation practice
Kultur	cultural information
■ Ziel	plenary activities at three levels

Inhalt

1.1 Wie siehst du aus?

- Say what you and others look like
- Ask others what they look like
- Talk about your best friend

1 Familie und Freunde

▶ Los geht's!

Was passt zusammen?

1	Wie	a sind deine Hobbys?
2	Wo	b kommst du?
3	Woher	c heißt du?
4	Wie	d wohnst du?
5	Was	e alt bist du?

LESEN 1 Lies die Sprechblasen und finde die Antworten für die Fragen oben.

> Ich heiße Cedi und ich bin 15 Jahre alt. Ich komme aus der Türkei. Ich wohne in Hollfeld und meine Hobbys sind Trompetespielen und Skateboardfahren. Mein bester Freund heißt Markus. Er ist 16 Jahre alt.

> Hallo! Ich heiße Markus. Ich komme aus Deutschland und ich wohne auch in Hollfeld. Meine Hobbys sind Computer und Musik.

Hilfe

Mein bester Freund/Meine beste Freundin heißt … .
Er/Sie ist 14/15/16 Jahre alt.
Er/Sie kommt aus
  Deutschland/Österreich/England/
  Schottland/Wales/Irland.
Er/Sie wohnt in Berlin/Hollfeld/Leeds/Glasgow.
Seine/Ihre Hobbys sind …
  … Lesen/Sport
  … Musikhören
  … Trompetespielen/Fußballspielen
  … Rollschuh-/Skateboardfahren.

HÖREN 2 Hör gut zu, was Jana und Kathi sagen, und mach Notizen für die Fragen oben in **Los geht's**!

SCHREIBEN 3 Wie sind Jana und Kathi? Schreib Sätze mit deinen Notizen von Übung 2 und den Wörtern in der Hilfe-Box.

Beispiel: Jana ist 15 Jahre alt …

Lerntipp

Question words

1 Which is the odd one out?
  1 *was*   2 *wie*   3 *weiß*   4 *wo*
2 How many German question words can you list?

You can ask questions by …
- putting the verb of the sentence first:
  Du bist vierzehn Jahre alt. ➡ *Bist du vierzehn Jahre alt?*
- using a question word at the beginning of the sentence:
  Wie alt bist du?

4 Hör gut zu und lies mit.

1

Ich	habe	**a** blaue	**b** braune	**c** grüne	Augen.
Er/Sie	hat				
Meine/Seine/Ihre Augen sind blau/braun/grün.					

2

Ich	habe	**a** blonde	**b** braune	**c** schwarze	**d** rote	Haare.
Er/Sie	hat					
Meine/Seine/Ihre Haare sind blond/braun/schwarz/rot.						

3

Ich	habe	**a** kurze	**b** lange	**c** lockige	**d** glatte	Haare.
Er/Sie	hat					
Meine/Seine/Ihre Haare sind kurz/lang/lockig/glatt.						

4

Ich	trage	**a** eine Brille.	**b** einen Ohrring/Ohrringe.
Er/Sie	trägt		

5 Welches Mädchen ist Steffi? Hör gut zu und finde das passende Bild.

a

b

c

6 Klassen-Ratespiel: A beschreibt einen Schüler/eine Schülerin in der Klasse, und die Klasse rät.

Beispiel:
A Er hat kurze blonde Haare. Er ...
B Das ist Dave!
A Nein! Er hat blaue Augen und ...

Grammatik im Fokus / **Adjectives** ➡ 159

| Meine Augen sind blau. ➡ Ich habe blau**e** Augen. |
| Ihre Haare sind lockig. ➡ Sie hat lockig**e** Haare. |

1 Schreib neue Sätze mit *Er/Sie hat ...*

Beispiel: *1 Sie hat rote Haare.*

1 Susis Haare sind rot.
2 Martins Haare sind lang.
3 Tanjas Augen sind grün.
4 Toms Haare sind kurz.
5 Annes Augen sind braun.
6 Daniels Haare sind schwarz.

■ **Ziel**

A Du bist dran! Wie bist du? Wie siehst du aus? Füll die Lücken aus.

Ich heiße _____ . Ich bin _____ alt. Ich komme aus _____ . Ich wohne in _____ . Meine Hobbys sind _____ . Ich habe _____ Augen und _____ _____ _____ Haare.

B Beschreib die anderen zwei Mädchen in Übung 5.

C Gedichtwettbewerb: ‚Mein bester Freund/meine beste Freundin'.

Beispiel: *Mein bester Freund heißt Daniel. Er wohnt in Kaiserstadt ...*

- Describe your own character
- Describe someone else's character
- Talk about your best friend

▶ **Los geht's!**

Lies die Adjektive und finde fünf Gegenteil-Paare.

groß   fleißig   alt   klein   faul

leise   frech   laut   freundlich   jung

1 Lies die Adjektive. Was ist positiv und was ist negativ? Schreib zwei Listen. (Du brauchst Hilfe? Schau im Wörterbuch nach.)

frech   launisch   nett   ungeduldig

sympathisch   gemein   arrogant   lustig

lieb   unfreundlich

schüchtern   freundlich

2 Kathi, Jana, Cedi und Markus machen ein Quiz: ‚Wie bist du?' Wie sind sie (✔)? Wie sind sie nicht (✘)? Hör gut zu und mach Notizen.

Beispiel: *Kathi: gemein ✘*
launisch ✔

arrogant   lustig   schüchtern   ungeduldig
gemein   launisch   sympathisch

3 Gedächtnisspiel: ‚Wie bist du?'

Beispiel:
A Ich bin launisch.
B Ich bin launisch und nett.
C Ich bin launisch, nett und ungeduldig.

4 Hör gut zu und lies mit. Wie heißen die Wörter in **Schwarz** auf Englisch?

*Cedi ist **immer** sympathisch. Wir verstehen uns gut. Markus ist **nie** frech. Er ist **selten** launisch. Wir streiten uns **nie**! Und Jana ist **oft** lieb. Sie ist aber **manchmal** ungeduldig!*

5 Partnerarbeit. Wie bist du (nicht)? Wie ist dein Partner/deine Partnerin (nicht)? Macht Dialoge.

Beispiel:
A Wie bist du?
B Ich bin immer freundlich. Aber ich bin manchmal launisch.
A Wie bist du nicht?
B Ich bin nie unfreundlich.

6 Hör gut zu und finde die passenden Bilder für die Sprechblasen.

a

b

c

1
Ich mag Heike, weil sie nie arrogant ist.

2
Ich mag Susi, weil sie immer lustig ist.

3
Ich mag Ina, weil sie schüchtern ist.

Hilfe

Ich mag ..., weil er immer sympathisch ist.
Ich mag ..., weil sie nie launisch ist.
Wir verstehen uns sehr gut/immer gut.
Wir streiten uns nie/selten/manchmal/oft.

Grammatik im Fokus / weil ➡ 167

You can link sentences together with words like *und, aber* or *oder* without changing the word order:

Ich mag Ulli **und** ich mag Kathi.
Markus ist nett, **aber** Klaus ist frech!

But some 'linking words' like *weil* (because) change the word order – they send the verb of the second sentence to the end:

Ich mag Doro. Sie **ist** nett.
Ich mag Doro, **weil** sie nett **ist.**

Ich mag Erdal. Er **ist** nie unfreundlich.
Ich mag Erdal, **weil** er nie unfreundlich **ist.**

1 „Ich mag ..., weil ..." Macht Dialoge mit den Informationen unten.

Beispiel: *A Ich mag Carla, weil sie lustig ist. Und du?*
B Ich mag Uwe, weil ...

Carla – lustig

Philipp – freundlich

Uwe – arrogant

Tanja – sympathisch

Meike – gemein

Max – ungeduldig

2 Oliver mag Paula. Füll die Lücken aus.

launisch	ist	manchmal	sie	arrogant	ist

Ich mag Paula, weil ...
1 sie nie ungeduldig _____ .
2 sie _____ schüchtern ist.
3 _____ immer sympathisch ist.
4 sie selten _____ ist.
5 sie oft freundlich _____ .
6 sie nie _____ ist.

3 Beschreib deinen besten Freund/deine beste Freundin. Schreib Sätze mit *Ich mag ..., weil ...*

■ Ziel

A Schreib Sätze mit den Wörtern unten. Wie viele Sätze schreibst du – und wie viele schreibt dein Partner/deine Partnerin?

nie	oft	manchmal
immer	unfreundlich	
lieb	gemein	frech

B Beschreib deinen Lieblingsstar (Sport/Musik/TV). Wie sieht er/sie aus? Wie ist er/sie?

C Schreib ein ‚Adjektiv-ABC'. Schreib dann Sätze für jedes Wort – für deine Familie, Freunde, Haustiere usw.

Beispiel: *arrogant – Ich mag meinen Bruder nicht, weil er sehr arrogant ist.*

1.3 Meine Eltern sind zu streng!

- Describe your parents
- Say how you get on with your parents
- Say why you argue

▶ Los geht's!

Lies die Wörter. Was passt nicht – und warum nicht?
1 lustig ungeduldig modern nett
2 aber weil wie und
3 immer sehr nie oft

1a Lies die drei Briefe. Wer sagt … ?
1 Wir verstehen uns gut.
2 Wir verstehen uns manchmal gut.
3 Wir verstehen uns nicht gut.

Mein Vater ist zu streng! Er ist auch ziemlich unfreundlich – das ist gemein, finde ich. Und meine Mutter ist oft ungeduldig. Das ist nicht nett!
Anne (15)

Also, meine Eltern sind sehr lustig. Das finde ich gut. Meine Mutter ist nie unfreundlich und mein Vater ist sehr modern – er ist sehr tolerant!
Jan (14)

Meine Eltern sind sehr nett, aber sie sind sehr altmodisch. Das finde ich nicht gut. Meine Mutter ist immer lieb. Aber mein Vater ist manchmal zu streng.
Nadine (14)

1b Wie heißt das auf Deutsch?
1 I don't think that's good.
2 I think that's mean.
3 That isn't nice.
4 I think that's good.

2a Partnerarbeit. Wie sind deine Eltern? Wie ist dein Vater/deine Mutter? Macht Dialoge.

Beispiel:
A Wie ist dein Vater?
B Er ist sehr tolerant, aber er ist manchmal ungeduldig …

2b Schreib einen Brief über deine Eltern. Benutze die Hilfe-Wörter.

Beispiel: Wir verstehen uns nicht gut, weil mein Vater zu streng ist …

Hilfe

Mein Vater/Meine Mutter ist …
Meine Eltern sind …
zu/sehr/immer/oft/manchmal/nie …
lieb/lustig/modern/nett/tolerant/ altmodisch/streng/ungeduldig.
Wir verstehen uns gut/nicht gut, weil er/sie … ist/sind.
Das finde ich gut/nicht gut/gemein.

Gut gesagt! -b, -g, -t

3a Hör gut zu, lies mit und wiederhole.

-b lieb gelb halb

-g streng ungeduldig lustig jung

-t nett tolerant alt intelligent laut

3b Hör gut zu, lies mit und wiederhole.

Meine Familie ist nett und laut: Vati ist lustig und jung, Mutti ist tolerant und intelligent und mein Fisch ist lieb und gelb!

4a Finde die passenden Sätze unten für die Bilder.

Wir streiten uns, weil …

1 … ich kein Taschengeld bekomme.
2 … ich zu viel fernsehe.
3 … meine Mutter zu altmodisch ist.
4 … ich zu viele Süßigkeiten esse.
5 … mein Vater immer streng ist.
6 … ich zu viele CDs kaufe.

4b Ist alles richtig? Hör gut zu.

4c Partnerarbeit. A wählt einen Satz, B antwortet mit *Wir streiten uns, weil …* Dann ist **B** dran.

Beispiel:
A *Ich sehe zu viel fern.*
B *Wir streiten uns, weil ich zu viel fernsehe.*

5a Lies Janas Brief und die Sätze unten. Sind die Sätze richtig oder falsch?

Liebe Gaby,
meine Eltern sind ziemlich nett. Meine Mutter ist nie ungeduldig und sie ist oft lustig. Aber wir streiten uns, weil ich zu viel fernsehe, weil ich zu viele Zeitschriften kaufe, weil ich zu viel Fastfood esse … Und mein Vater? Er ist nie ungeduldig – das finde ich nicht schlecht. Aber wir verstehen uns nicht gut, weil er manchmal altmodisch ist. Wir streiten uns auch oft, weil ich kein eigenes Zimmer habe. Das finde ich doof!
Jana (15)

Meine Eltern sagen:
1 Ich sehe zu viel fern.
2 Ich kaufe zu viele CDs.
3 Ich bin oft frech.

Ich sage:
4 Wir streiten uns, weil sie streng sind.
5 Meine Mutter ist altmodisch.
6 Ich habe kein eigenes Zimmer.

5b Du bist dran! „Meine Eltern und ich – wir streiten uns, weil …" Schreib einen Brief an ‚Liebe Gaby'.

■ **Ziel**

A Ratespiel – **A** beschreibt seine Eltern, **B** rät.

Beispiel: A *Meine Mutter ist oft l_____ .*
B *Lieb?*
A *Nein, sie ist oft lu_____ .*

B Mach einen Rap für deine Familie – so wie in **Gut gesagt!** auf Seite 10, Übung 3b.

C Mach eine Klassenumfrage: ‚Meine Eltern'. Schreib die Resultate auf.
Beispiel:
Wie sind deine Eltern?
Wir verstehen uns gut, weil … .
Wir streiten uns, weil … .

1.4 Ich darf nicht in die Disco gehen!

- Say what you have to do
- Say what you're not allowed to do

▶ **Los geht's!**

Was willst – und kannst – du am Samstag machen? Finde vier Sätze.

ICHWILLINSKINOGEHENICHKANNMUSIKHÖRENICHWILLFUßBALLSPIELENICHKANNEINPICKNICKMACHEN

HÖREN 1 Susi schreibt einen Brief an ,Liebe Gaby'. Hör gut zu und finde die passenden Bilder.

Beispiel: a, ...

a   b   c   d   e   f

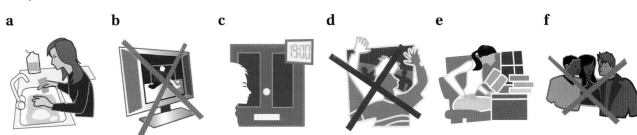

HÖREN 2a Hör gut zu und lies mit. Was müssen Markus und Kathi machen ✓ und was dürfen sie nicht ✗ ? Füll die Tabelle aus.

> Ich muss samstags um 20 Uhr zu Hause sein. Das finde ich nicht gut. Ich darf nicht im Internet surfen. Ich muss jeden Tag Geige spielen – aber ich bin nicht musikalisch! Und mein Vater ist sehr altmodisch – ich darf keinen Ohrring tragen. Das finde ich schrecklich!
>
> Markus

> *Meine Eltern sind zu streng! Ich darf keine Cola trinken. Und ich muss immer Hausaufgaben machen – auch am Wochenende. Ich darf nicht frech sein – aber mein Bruder ist immer frech! Nein, ich muss immer lieb sein. Das ist gemein!*
>
> *Kathi*

Markus					✓			
Kathi								

SPRECHEN 2b Ratespiel! Wer ist das? Macht Dialoge.

Beispiel: A Ich darf nicht frech sein.
B Du bist Kathi!
A Ja, richtig!

SPRECHEN 2c Partnerarbeit. Du bist dran! Was musst du zu Hause machen? Was darfst du nicht machen? Macht weitere Dialoge.

Beispiel: A Ich darf nicht in Konzerte gehen.
B Und ich muss jeden Tag Abendessen machen!

Grammatik im Fokus / ich muss …, ich darf nicht/kein(e) … ➡ 163

Müssen (to have to/must) and *dürfen* (to be allowed to/may) are modal verbs, like *können* and *wollen*. They send the main verb to the end of the sentence in its infinitive form:

Ich helfe in der Küche. ➡	Ich muss in der Küche helfen.
Du hilfst im Garten. ➡	Du musst im Garten helfen.
Er/Sie lernt. ➡	Er/Sie muss lernen.
Wir machen Frühstück. ➡	Wir müssen Frühstück machen.
Ich gehe in die Disco. ➡	Ich darf nicht in die Disco gehen.
Du gehst ins Kino. ➡	Du darfst nicht ins Kino gehen.
Er/Sie hört Musik.* ➡	Er/Sie darf keine Musik hören.
Wir laden Freunde ein.* ➡	Wir dürfen keine Freunde einladen.

*Ich darf nicht … becomes Ich darf kein/e/n… when it is followed immediately by a noun rather than a verb or preposition.

1 Schreib die Sätze richtig auf.

Beispiel: 1 Ich darf nicht fernsehen!

1 darf / Ich / fernsehen / nicht / !
2 muss / Er / machen / Frühstück / !
3 Fastfood / darf / essen / kein / Er / !
4 lernen / Du / abends / musst / !

2 Schreib neue Sätze mit *Ich muss …*

Beispiel: 1 Ich muss in die Schule gehen.

1 Ich gehe in die Schule.
2 Wir kaufen Obst und Gemüse.
3 Sie schreibt einen Brief.
4 Ich mache Hausaufgaben.
5 Ich lese viele Bücher.

3 Jetzt schreib neue Sätze mit *Ich darf nicht/keine …*

Beispiel: 1 Ich darf nicht in die Disco gehen.

1 Ich gehe in die Disco.
2 Ich lade Freunde ein.
3 Er trägt einen Ohrring.
4 Ich höre Musik.
5 Du isst Schokolade.

■ Ziel

A Was muss Ines machen? Was darf sie nicht machen? Schreib Sätze.

B Du bist dran! Was musst/darfst du nicht zu Hause machen? Schreib einen Brief an ‚Liebe Gaby'.

C Deine Eltern sind zu modern und tolerant! Schreib einen lustigen Brief an ‚Liebe Gaby'.

Beispiel: Ich muss jeden Abend in die Disco gehen. Ich darf nicht zu Hause helfen …

1.5 Die Klasse! – Clique

Markus: Hurra! Wir fahren im Juni nach Berlin!
Kathi: Ja, super! Eine Klassenfahrt nach Berlin!
Cedi: Ich finde Berlin toll!

Markus: Fährt Steffi auch nach Berlin?
Kathi: Wer ist Steffi?
Markus: Steffi hat lange blonde Haare und blaue Augen … sie ist lustig und sehr nett.
Cedi: Ja! Ich mag Steffi, weil sie sympathisch ist!

Jana: Steffi, Steffi – immer Steffi …
Markus: Was hast du, Jana? Findest du Steffi nicht nett? Sie ist neu in Hollfeld – und sie hat keine beste Freundin …

4

> Jana ist so launisch … was ist los? Wir streiten uns nie … aber heute ist sie so gemein!

> Meine beste Freundin heißt Kathi! Aber Steffi hat keinen Freund – und du magst sie ja sehr!

5

Kathi:	Was ist denn, Jana?
Jana:	Ich … ich kann nicht nach Berlin fahren!

2 Hör gut zu und lies mit. Wie heißt das auf Deutsch?
1 a school trip
2 It's always Steffi.
3 What's wrong with you?
4 a boyfriend
5 What's the matter?

3 Lies die Sätze. Sind sie richtig oder falsch?
1 Die Klasse fährt im Sommer nach Berlin.
2 Markus und Cedi finden Steffi doof.
3 Steffi wohnt in Berlin.
4 Jana mag Steffi nicht.
5 Kathi und Jana wollen Steffi helfen.
4 Jana will keine Klassenfahrt machen.

1 Vor dem Lesen: Rate! Was meinst du?
1 Jana ist	**a** freundlich.	**b** nicht lustig.
2 Jana	**a** mag Markus.	**b** mag Markus nicht.
3 Kathi und Jana sind	**a** beste Freundinnen.	**b** frech und arrogant.
4 Markus und Jana	**a** verstehen sich gut.	**b** streiten sich.

Lese-Spaß!

Eltern und ihre Kinder

Angelika und Anna Ziegler aus Regensburg. Anna beschreibt ihre Mutter ... und Angelika beschreibt ihre Tochter ...

Anna, 15

Ich gehe abends gern weg. Manchmal will ich natürlich erst um Mitternacht zu Hause sein – oder noch später. Aber meine Eltern sind da ‚normal' – meine beste Freundin darf zum Beispiel am Wochenende erst um ein Uhr nach Hause kommen, aber mein Freund Tobias muss schon um 22 Uhr zu Hause sein.

Ich darf viel mit meinen Freundinnen und Freunden machen, weil Mutti und Vati auch viel unterwegs sind. Sie können nicht sagen: „Heute Nachmittag bist du in deinem Zimmer", wenn sie selber nicht da sind! Ich darf immer Freunde nach Hause einladen – auch das ist kein Problem. Ich darf auch laute Musik hören – sogar im Wohnzimmer!

Meine Mutter ist nie streng. Das finde ich super. Sie versteht sich auch sehr gut mit meinen Freunden. Das finde ich wichtig. Wir sprechen viel miteinander – über Vati, meine Schule oder ihre Arbeit. Wir verstehen uns immer gut, weil sie lustig ist und viel lacht. Aber manchmal ist sie ungeduldig. Das finde ich nicht so toll!

Angelika, 40

Anna hat viele Freunde und ist sehr sympathisch – das finde ich super. Sie ist oft unterwegs – nach der Schule, abends und am Wochenende. Sie darf so viel machen, weil sie sehr vernünftig ist. Sie ist nie arrogant, aber sie hat viele Ideen und sie kann gut organisieren.

Wir verstehen uns gut, weil wir keine Geheimnisse haben. Wir können über alles sprechen. Das ist wichtig, finde ich. Meine Eltern sind sehr streng und altmodisch. Das finde ich furchtbar für Kinder.

Mein Mann und ich – wir wollen Raum für unsere Kinder schaffen. Ein Zimmer nur für sie – aber in unserem Haus. Das haben wir jetzt im Keller. Dort können sie fernsehen, Musik hören, Computerspiele machen und Freunde einladen. Das finde ich schön.

Ich mag Anna auch, weil sie nie launisch ist. Und sie ist immer nett und nie gemein. Aber wir streiten uns manchmal, weil sie zu viel Fastfood isst – und kein Obst und kein Gemüse! Das ist nicht gut, finde ich.

1 Lies den Artikel und finde diese Sätze auf Deutsch.

1 I like to go out in the evenings
2 or even later
3 because Mum and Dad are away a lot, too
4 we talk a lot together
5 because she's very sensible
6 she's good at organizing
7 because we don't have any secrets
8 we want to create a space for our children

2 Beantworte die Fragen.

1 Was darf Anna zu Hause machen?
2 Wie ist Annas Mutter?
3 Warum verstehen sie sich gut?
4 Was findet Anna nicht so gut?
5 Wie ist Anna?
6 Wie sind Angelikas Eltern?
7 Was machen die Kinder im Keller?
8 Was findet Angelika nicht so toll?

Grammatik

Adjectives

1 Beschreib die Monster vom Mars.

Beispiel: Mip hat gelbe Augen und kurze blaue Haare.

weil

2 Schreib die Sätze mit *weil* auf.
Wir streiten uns, weil …

1 Ich habe kein eigenes Zimmer.
2 Mein Vater ist streng.
3 Ich höre zu viel Musik.
4 Meine Mutter ist oft ungeduldig.
5 Ich surfe zu oft im Internet.
6 Meine Freundin ist oft arrogant.

3 Schreib Sätze mit den Wörtern unten.
Wir verstehen uns gut/nicht gut, weil …

meine Mutter	mein Vater	oft
nie sehr manchmal zu immer		
lieb altmodisch tolerant streng		
modern ungeduldig		

Ich muss …

4 Franzi ist sehr faul! Sie muss Hausaufgaben machen, aber sie hat keine Zeit.
Schreib Sätze mit *Ich muss …*

1 Ich esse Abendessen.
2 Ich sehe fern.
3 Ich lese ein Buch.
4 Ich höre Musik.
5 Ich spiele Computerspiele.
6 Ich fahre in die Stadt.

Ich darf nicht/keine …

5 Schreib Sätze mit den Bildern.

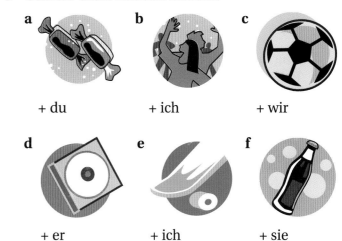

a + du   b + ich   c + wir

d + er   e + ich   f + sie

⭐ say what you and others look like?
Ich habe lange rote Haare. Ihre Augen sind blau.

⭐ ask others what they look like?
Wie siehst du aus?

⭐ talk about your best friend?
Wir verstehen uns gut.

⭐ describe your own character?
Ich bin manchmal launisch.

⭐ describe someone else's character?
Er ist nie frech.

⭐ describe your parents?
Meine Eltern sind sehr tolerant.

⭐ say how you get on with your parents?
Wir streiten uns nie.

⭐ say what you have to do?
Ich muss immer im Garten helfen.

⭐ say what you're not allowed to do?
Ich darf nicht in Konzerte gehen.

Du bist dran!

1 Mach eine Klassenumfrage: ‚Probleme mit den Eltern'. Schreib fünf Sätze.

> 1 Ich bekomme kein Taschengeld.
> 2 Ich habe kein eigenes Zimmer.
> 3 Ich muss ...

2 Frag die Schüler/Schülerinnen: „Kein Taschengeld – ist das ein Problem?" usw. Notiere die Antworten.

> Jessica: 1, 3 ...

3 Was ist das Problem Nummer eins? Schreib die Resultate auf (z. B. mit dem Computer).

Probleme:
- Ich bekomme kein Taschengeld.
- Ich darf keine Freunde einladen.
- Ich darf keine Musik im Wohnzimmer hören.
- Ich habe kein eigenes Zimmer.
- Ich muss zu Hause helfen.

0 1 2 3 4 5 6 7 8 9 10
Schüler/Schülerinnen

4 Finde  . Mach eine Aufnahme mit den Informationen für eine Radiosendung in Deutschland.

Beispiel:

> *Probleme mit den Eltern: Was ist das Problem Nummer eins? Acht Schüler und Schülerinnen sagen: „Ich muss zu Hause helfen – das ist das Problem Nummer eins. Sieben Schüler ... "*

Mein bester Freund/
Meine beste Freundin

My best friend

Mein bester Freund/
Meine beste Freundin
heißt …

My best friend is called …

Er/Sie ist 14/15/16
Jahre alt.

He/She is … years old.

Er/Sie kommt aus
Deutschland
Österreich
England
Schottland
Wales
Irland.

He/She is from
Germany
Austria
England
Scotland
Wales
Ireland.

Er/Sie wohnt in Berlin/
Hollfeld
Leeds
Glasgow.

He/She lives in Berlin/
Hollfeld
Leeds
Glasgow.

Seine/Ihre Hobbys sind
Lesen
Sport
Musik
Trompetespielen
Fußballspielen
Rollschuhfahren
Skateboardfahren.

His/Her hobbies are
reading
sports
music
playing trumpet
playing football
rollerskating
skateboarding.

Wie sieht er/sie aus?

What does he/she look like?

Wie siehst du aus?

What do you look like?

Seine/Ihre/Meine
Augen sind blau/
braun/grün.

His/Her/My
eyes are blue/
brown/green.

Er/Sie hat/Ich habe
blaue/braune/grüne
Augen.

He/She has/I have
blue/brown/green
eyes.

Seine/Ihre/Meine
Haare sind blond/
braun/schwarz/rot/
lang/kurz/lockig/glatt.

His/Her/My
hair is blond
brown/black/red/
long/short/curly/straight.

Er/Sie hat/Ich habe
blonde/braune/
schwarze/rote/
lange/kurze/lockige/
glatte Haare.

He/She has/I have
blond/brown/
black/red/
long/short/curly/
straight hair.

Er/Sie trägt …/Ich trage
eine Brille/einen
Ohrring/Ohrringe.

He/She is wearing …/
I am wearing
glasses/an earring/
earrings.

Ich bin/Er/Sie ist …
oft
manchmal
immer
nie
selten
arrogant
frech
freundlich
gemein
geduldig
launisch
lieb
lustig
nett
schüchtern
sympathisch
ungeduldig
unfreundlich.

I am/He/She is …
often
sometimes
always
never
seldom
arrogant
naughty
friendly
mean
patient
moody
lovely
funny
nice
shy
pleasant
impatient
unfriendly.

Ich mag …, weil …
Wir verstehen uns sehr
gut/immer gut.
Wir streiten uns nie/
selten/manchmal/oft.
Mein Vater/Meine
Mutter ist …

I like …, because …
We get on very well/
always get on well.
We argue never/seldom/
sometimes/often.
My father/mother is …

Meine Eltern sind …
altmodisch
modern
streng
tolerant.

My parents are …
old-fashioned
modern
strict
tolerant.

Ich muss …
um 19 Uhr zu Hause
sein.
jeden Abend lernen.
Ich darf keine Freunde
einladen.
Ich darf nicht
fernsehen.
Ich darf nicht in die
Disco gehen.

I have to …
be at home at seven.
study every evening.
I'm not allowed to invite
friends round.
I'm not allowed to
watch television.
I'm not allowed to go to
the disco.

Meine Routine

- Talk about your daily routine
- Ask others about their daily routine

▶ Los geht's!

Was passt zusammen?

1 Es ist halb neun.
2 Es ist fünf vor acht.
3 Es ist Viertel nach sieben.
4 Es ist Viertel vor acht.
5 Es ist zehn nach neun.
6 Es ist sieben Uhr.

a b  c

d e f

1a Markus beschreibt seine Tagesroutine. Hör gut zu und bring die Bilder in die richtige Reihenfolge.

Beispiel: c, …

1b Hör noch einmal zu. Wann macht Markus das? Schreib die Uhrzeiten auf.

Beispiel: 1 Sechs Uhr fünfzig.

1c Partnerarbeit. Was macht Markus wann?

A: Es ist sieben Uhr.
B: Ich wasche mich.
A: Richtig!

a  b  c  d

e  f  g  h

Grammatik im Fokus / Reflexive verbs

➡ 163

With some German verbs, you need to use the word *mich* (myself), *dich* (yourself) or *sich* (himself, herself).

Ich wasche mich.	*I have a wash. (I wash myself.)*
Du wäschst dich.	*You have a wash. (You wash yourself.)*
Er/Sie wäscht sich.	*He/She has a wash. (He/She washes himself/herself.)*

1 Schreib die Sätze richtig auf.

1 mich / Ich / an / ziehe / .
2 mich / wasche / Ich / .
3 aus / Ich / mich / ziehe / .
4 zieht / sich / Er / an / .
5 Du / aus / dich / ziehst / .

2 Finde die passenden Bilder in Übung 1a oben für die Sätze in **Los geht's!**

2a Jana beschreibt ihre Tagesroutine. Lies den Text und notiere alle Uhrzeiten.

> Ich stehe normalerweise um halb sieben auf. Ich wasche mich und ziehe mich für die Schule an – Jeans und ein Sweatshirt. Um sieben Uhr frühstücke ich in der Küche. Ich esse meistens ein Brötchen mit Wurst oder Marmelade, und um halb acht gehe ich dann in die Schule. Die Schule beginnt um acht Uhr. Um ein Uhr gehe ich nach Hause und esse zu Mittag. Am Nachmittag mache ich Hausaufgaben oder ich gehe ins Sportzentrum. Um sechs Uhr esse ich zu Abend und um sieben Uhr sehe ich fern. Um Viertel vor zehn ziehe ich mich aus und um zehn Uhr gehe ich ins Bett.

2b Wähl die richtige Antwort.

1 Wann steht Jana auf?
a um 6.30 Uhr
b um 7.00 Uhr
c um 7.30 Uhr

2 Was macht sie um 7 Uhr?
a Sie zieht sich an.
b Sie wäscht sich.
c Sie frühstückt.

3 Was isst sie zum Frühstück?
a Müsli
b ein Brötchen mit Wurst
c Toast mit Marmelade

4 Wo isst sie zu Mittag?
a in der Schule
b zu Hause
c im Eiscafé

5 Was macht sie am Nachmittag?
a Sie sieht fern.
b Sie macht Hausaufgaben.
c Sie geht ins Bett.

6 Wann zieht sie sich aus?
a um 9.30 Uhr
b um 9.45 Uhr
c um 10 Uhr

3 Schreib die Sätze richtig auf.

1 Um / Uhr / sieben / ich / mich / wasche / .
2 ich / Um / ziehe / 22 / mich / Uhr / aus / .
3 ziehe / Um / mich / acht / ich / Uhr / an / .

4 Was machst du wann? Schreib Sätze.

Beispiel: Um sieben Uhr stehe ich auf.

Wiederholung	**Wortstellung**
Ich **wasche mich**. ➡ Um sieben Uhr **wasche** ich **mich**.	
Ich **ziehe mich an**. ➡ Um acht Uhr **ziehe** ich **mich an**.	

■ **Ziel**

A Füll die Lücken aus.

1 I_ _ _ _ _ _e _ _f .
2 Ich zi_ _e m_ _ _ a_ .
3 I_ _ g_ _ _ n_ _ _ H_ _ _ _ .
4 I_ _ _e_ _ _n_ _e_ _ .

B Beantworte die Fragen.

1 Wann stehst du auf?
2 Wann wäschst du dich?
3 Wann gehst du in die Schule?
4 Wann gehst du ins Bett?

C Beschreib deine Tagesroutine wie in Übung 2a.

2.2 Wie hilfst du zu Hause?

- Talk about household chores
- Ask someone about their household chores
- Describe how often you help at home
- Ask someone how often they help at home

▶ Los geht's!

Was passt nicht und warum nicht?

1 **a** Badezimmer **b** Wohnzimmer **c** Katze
2 **a** einkaufen **b** helfen **c** spielen
3 **a** Garage **b** Tisch **c** Stuhl

4 **a** ich wasche mich **b** ich ziehe mich an **c** ich esse
5 **a** Wohnung **b** Einfamilienhaus **c** Garten

 1 Hör gut zu und lies mit.

Ich räume mein Zimmer auf. (a)

Ich sauge Staub. (c)

Ich putze das Badezimmer. (b)

Ich wasche ab. (e)

Ich füttere den Hund und die Katze. (d)

Ich decke den Tisch. (f)

Ich kaufe ein. (g)

 2 Wer macht was? Hör gut zu und finde die passenden Bilder von Übung 1.

Stefan	f,…
Atalay	
Astrid	
Sven	

 3 Partnerarbeit. Du bist dran! Wie hilfst du zu Hause? A fragt und B antwortet. Dann ist B dran.

Beispiel: *A Wie hilfst du zu Hause?*
B Ich räume mein Zimmer auf. Und du?

Grammatik im Fokus  **Separable verbs** ➡ 163

Some infinitives need to be split into two parts when you use them. The first part of the verb goes to the end of the sentence:

| **auf**stehen | ➡ | Ich stehe **auf**. |
| **ab**waschen | ➡ | Ich wasche **ab**. |

1 Finde andere trennbare Verben auf dieser Seite und auf Seite 21.

4a Was machen sie zu Hause und wie oft? Füll die Tabelle aus.

Jana

Ich räume oft mein Zimmer auf und ich decke jeden Tag den Tisch. Ich wasche selten ab und ich putze nie das Badezimmer.

Cedi

Ich füttere jeden Tag die Katze und ich wasche oft ab. Aber ich sauge selten Staub und ich kaufe nie ein.

Kathi

Ich wasche nie ab – wir haben eine Spülmaschine. Ich decke manchmal den Tisch und ich räume oft mein Zimmer auf. Ich sauge jeden Tag Staub.

Markus

Ich räume mein Zimmer nicht oft auf – nur einmal pro Woche. Ich sauge nie Staub und ich decke selten den Tisch. Aber ich wasche jeden Tag ab.

Jana	*oft*	*nie*					
Cedi							
Kathi							
Markus							

4b Partnerarbeit. Was machst du und wie oft?
Beispiel: A: Nie?
B: *Ich decke* **nie** *den Tisch. Oft?*
A: *Ich wasche* **oft** *ab.*

Hilfe

Wie oft machst du das?

immer   einmal pro Woche
jeden Tag   selten
oft   nie
manchmal

4c Mach eine Umfrage in deiner Klasse. Frag: „Wie hilfst du zu Hause und wie oft machst du das?" Schreib die Resultate auf.

Name	Wie hilfst du zu Hause?	Wie oft?
Sarah	Ich füttere den Hund.	jeden Tag

■ **Ziel**

A Was passt zusammen?

1 Ich decke   **a** ein.
2 Ich sauge   **b** den Tisch.
3 Ich füttere   **c** Staub.
4 Ich kaufe   **d** die Katze.

B Füll die Lücken aus.

Ich _____ jeden Tag den Tisch und _____ oft mein Zimmer auf. Zweimal pro Woche _____ ich den Hund. Ich _____ einmal pro Woche Staub, aber ich _____ nie das Badezimmer. Das mag ich überhaupt nicht.

C Wie hilfst du zu Hause und wie oft? Schreib Sätze.

2.3 | Taschengeld

- Say how much pocket money you get
- Say from whom and how often you get it
- Describe what you spend your pocket money on
- Describe how much you save and why you save it

▶ Los geht's!

Wie viel Geld ist das? Schreib es auf.

a   b   c   d   e

 1 Lies die Sprechblasen und hör dann gut zu. Sind sie richtig oder falsch?

Cedi

> Ich bekomme 50 Euro im Monat von meinen Eltern.

Markus

> Ich bekomme kein Geld von meinen Eltern, aber ich bekomme 15 Euro pro Woche von meinem Opa.

Jana

Kathi

> Ich bekomme 10 Euro pro Woche von meinen Eltern und ich bekomme manchmal Geld von meinen Großeltern.

> Ich bekomme 30 Euro pro Monat von meinen Eltern und 25 Euro pro Monat von meiner Oma.

 2a Mach eine Klassenumfrage. Wie viel Taschengeld bekommen die Schüler/ Schülerinnen und von wem?

Beispiel:
A Wie viel Geld bekommst du?
B Ich bekomme pro Woche 10 Pfund.
A Von wem?
B Von meiner Oma.

 2b Schreib die Resultate auf.

Beispiel: Tony: Ich bekomme pro Woche 10 Pfund von meiner Oma.

Grammatik im Fokus  von + dative ➡ 158

When you use *von* (from) in a sentence, the noun that follows must be in another case – the dative. Here are the dative endings:

m.	Ich bekomme 5 Euro von mein**em** Vater.
f.	Wie viel Geld bekommst du von dein**er** Mutter?
n.	Ich bekomme kein Geld von mein**em** Kaninchen!
pl.	Bekommst du Geld von dein**en** Großeltern?

1 Füll die Lücken aus.

1 von _meinem_ Onkel   4 von _____ Schwester
2 von _____ Oma   5 von _____ Opa
3 von _____ Eltern   6 von _____ Tante

LESEN
3 Was kaufen sie von ihrem Geld? Und wofür sparen sie? Wähle die richtigen Bilder unten.

Beispiel: Steffi kauft: i, … und spart für: …

Ich kaufe Zeitschriften und Süßigkeiten von meinem Taschengeld und ich spare für ein Fahrrad.

Ich kaufe CDs von meinem Taschengeld und ich spare für eine Klassenfahrt nach Paris.

Ich kaufe Make-up und Kleidung von meinem Geld. Ich spare für eine Klassenfahrt und auch für eine Stereoanlage.

Ich kaufe Computerspiele von meinem Taschengeld. Ich spare für einen neuen Computer.

Steffi   **Michael**   **Ute**   **Daniel**

HÖREN SPRECHEN
4 Was kaufen diese Jugendlichen und wofür sparen sie? Hör gut zu und finde die passenden Bilder rechts.

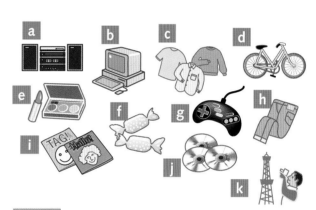

Grammatik im Fokus — *für* + accusative
➡ **158**

When you use *für* (for) in a sentence, the noun that follows must be in the accusative case:

> m. Ich spare **für** einen Computer.
> f. Ich spare **für** eine Stereoanlage.
> n. Ich spare **für** ein Fahrrad.

1 Füll die Lücken mit *einen, eine* oder *ein* aus.

1 Ich spare für _____ Computerspiel.
2 Ich spare für _____ Pullover.
3 Ich spare für _____ Motorrad.
4 Ich spare für _____ Fernseher.
5 Ich spare für _____ Jacke.

Hilfe

Ich spare für	einen Pullover/Fernseher.
Ich kaufe	eine Jacke/eine Jeans.
	ein Motorrad/ein Computerspiel.
	CDs/Kleidung/Make-up.
	Süßigkeiten/Zeitschriften.

■ Ziel

A Beantworte die Fragen.

1 Wie viel Geld bekommst du?
2 Von wem?
3 Was kaufst du?
4 Wofür sparst du?

C „Was kaufst du und wofür sparst du?" Frag vier Freunde und schreib eine Liste.

B Gedächtnisspiel.

Beispiel:
A *Ich spare für einen Computer.*
B *Ich spare für einen Computer und ein Buch.*
C *Ich spare für einen Computer, ein Buch und eine Jacke.*

Beispiel:

Name	kauft …	spart für …
Leon	Schokolade und CDs	einen Computer

■ Use the present and perfect tenses

> ### ▶ Los geht's!
>
> Lies den Text über Sandra und mach eine Liste von Verben im Präsens und im Perfekt.
>
> **Beispiel:** **Präsens**   **Perfekt**
>   spiele   habe … gespielt

Ich heiße Sandra und ich bin DJ bei Radio Hollfeld. Ich mache das Frühstücksprogramm von sechs bis neun Uhr. Ich stehe jeden Tag sehr früh auf – um vier Uhr! Ich frühstücke normalerweise nicht – ich trinke schnell einen Kaffee und fahre zum Studio. Meistens fahre ich mit dem Fahrrad, aber im Winter, wenn es kalt ist, fahre ich mit dem Auto. Ich bin um fünf Uhr im Studio und um sechs beginnt die Show.

Gestern habe ich viel Popmusik gespielt und wir haben auch ein Musikquiz gemacht – sehr lustig! Nach der Show bin ich bis zwölf Uhr im Studio geblieben und habe E-Mails gelesen und Musik für den nächsten Tag ausgewählt. Um 12 Uhr bin ich nach Hause gegangen und habe zu Mittag gegessen. Am Nachmittag habe ich mit einer Freundin Tennis gespielt und meine Wohnung geputzt. Am Abend habe ich ein bisschen ferngesehen. Ich bin um neun Uhr ins Bett gegangen.

LESEN

1 Beantworte die Fragen.

1 Wann steht Sandra auf?
2 Was isst sie zum Frühstück?
3 Wie fährt sie zum Studio?
4 Wann beginnt die Show?

5 Was hat Sandra gestern nach der Show gemacht?
6 Wann ist sie nach Hause gegangen?
7 Was hat sie am Abend gemacht?
8 Wann ist sie ins Bett gegangen?

HÖREN

2 Hör gut zu und füll die Lücken aus.

Ich heiße Karl und ich _____ (1) Fußball für FC Hollfeld. Manchmal gehen wir in ein Trainingslager. Wir stehen dann um sieben Uhr auf und _____ (2) joggen. Dann frühstücken wir – wir _____ (3) Müsli und _____ (4) Orangensaft, weil es gesund ist. Dann trainieren wir zusammen auf dem Fußballplatz. Um ein Uhr essen wir zu Mittag – Fleisch mit Nudeln oder Kartoffeln, aber keine Pommes frites oder Cola. Nachmittags _____ (5) wir wieder zwei Stunden. Abends sind wir immer sehr müde und gehen um zehn Uhr ins Bett. Letzten Samstag _____ (6) wir gegen Wesel _____ (7). Wir haben 2-0 gewonnen – toll! Am Abend _____ (8) ich mit den anderen Spielern ins Restaurant _____ (9). Wir haben _____ (10), getrunken und gefeiert.

trinken	haben	gegessen	trainieren	gehen	spiele
	gegangen	bin	essen	gespielt	

> **auswählen** – *to choose*
> **das Trainingslager** – *training camp*
> **feiern** – *to celebrate*

LESEN

3 Ist das Sandra oder Karl?

a   b    c    d 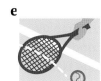   e   f

Wiederholung Präsens und Perfekt

Present tense	Perfect tense	Present tense	Perfect tense
ich spiele	ich habe gespielt	ich gehe	ich bin gegangen
du spielst	du hast gespielt	du gehst	du bist gegangen
er/sie/es spielt	er/sie/es hat gespielt	er/sie/es geht	er/sie/es ist gegangen
wir spielen	wir haben gespielt	wir gehen	wir sind gegangen
ihr spielt	ihr habt gespielt	ihr geht	ihr seid gegangen
sie spielen	sie haben gespielt	sie gehen	sie sind gegangen
Sie spielen	Sie haben gespielt	Sie gehen	Sie sind gegangen

1 Füll die Lücken aus.

Präsens

Beispiel: Ich höre Musik. (hören)

1 Ich _____ E-Mails. (lesen)
2 Wir _____ um sieben Uhr. (frühstücken)
3 Er _____ ins Schwimmbad. (gehen)
4 Hans und Thomas _____ Tennis. (spielen)

Perfekt

Beispiel: Ich habe Musik gehört. (hören)

1 Ich _____ Orangensaft _____ . (trinken)
2 Er _____ Wurst _____ . (essen)
3 Wir _____ Karten _____ . (spielen)
4 Er _____ ins Kino _____ . (gehen)

 4 Übe mit einem Partner/einer Partnerin.
Beispiel: A: *Präsens!*
      B: *Ich spiele Tennis. Perfekt!*
      A: *Ich bin ins Kino gegangen.*

 5 Schreib Sätze mit diesen Verben im Präsens und im Perfekt.

spielen	machen	gehen
trinken	essen	

■ Ziel

A Sind die Sätze im Präsens oder im Perfekt?

1 Ich habe Musik gehört.
2 Ich gehe ins Schwimmbad.
3 Ich habe ein Buch gelesen.
4 Ich bin zum Studio gefahren.
5 Ich trinke eine Limonade.

C Was machst du normalerweise am Wochenende? Was hast du letztes Wochenende gemacht? Schreib jeweils fünf Sätze.

B Schreib Sätze im Präsens und im Perfekt.

1 Wir +   3 Ich +

2 Er +   4 Lisa +

Jana:	Es ist so schlimm! Ich darf nicht nach Berlin fahren, weil meine Noten in der Schule so schlecht sind.
Cedi:	Ach, nein!
Jana:	Ja, ich stehe jeden Tag um sechs Uhr auf und mache viele Hausaufgaben, aber meine Noten sind immer noch sehr schlecht! Deutsch ist besonders schlimm.

Kathi:	Cedi und ich haben auch Probleme mit der Klassenfahrt, weil wir kein Geld haben.
Cedi:	Ja, ich bekomme nur 10 Euro in der Woche – ich muss einen Nebenjob finden.
Kathi:	Ja, das ist eine gute Idee.

Markus:	Warum ist Jana so launisch? Und warum mag sie Steffi nicht?
Cedi:	Sie hat kein Problem mit Steffi. Aber sie hat schlechte Noten in der Schule und darf vielleicht nicht nach Berlin fahren.

> **Markus:** Das ist furchtbar. Ich muss Jana sehen und mich entschuldigen.
> **Cedi:** Sie ist zu Hause und macht Hausaufgaben.

> Wo ist Jana denn?

> Also, Jana … Hausaufgaben!!!! Und wer ist das?

1 Hör gut zu und lies mit.

2 Finde die Vokabeln im Text.
  1 especially
  2 a part-time job
  3 moody
  4 bad marks
  5 I must apologise

3 Was passiert in der Geschichte? Bring die Sätze in die richtige Reihenfolge.
  1 Markus will sich entschuldigen.
  2 Jana ist nicht zu Hause.
  3 Markus und Cedi sprechen über Jana.
  4 Jana darf nicht nach Berlin fahren.
  5 Kathi und Cedi wollen einen Job finden.
  6 Jana trifft einen Freund.

Lese-Spaß!

Steffis Umzug

> ### Los geht's!
>
> Was passt zusammen?
> | | | | |
> |---|---|---|---|
> | 1 | der Umzug | a | we arrived |
> | 2 | viel Arbeit | b | we unpacked everything |
> | 3 | wir sind angekommen | c | the move |
> | 4 | wir haben alles ausgepackt | d | I helped |
> | 5 | ich habe geholfen | e | I moved house |
> | 6 | ich bin umgezogen | f | lots of work |

1a Lies den Text über Steffis Umzug und bring die Bilder rechts in die richtige Reihenfolge.

Hi! Ich heiße Steffi und ich bin neu in Hollfeld. Ich bin mit meiner Familie von Berlin nach Hollfeld umgezogen. Hollfeld ist sehr nett und wir haben hier ein großes Haus. In Berlin haben wir in einer Wohnung gewohnt. Der Umzug war viel Arbeit und ich habe viel geholfen.

Am Umzugstag bin ich sehr früh aufgestanden. Ich habe mich schnell gewaschen und mich angezogen und dann gefrühstückt. Wir sind um acht Uhr nach Hollfeld gefahren. Um zwei Uhr sind wir in Hollfeld angekommen.

Ich habe dann meinen Eltern geholfen. Ich habe das Badezimmer geputzt und mein Zimmer eingerichtet. Meine Mutter hat das Wohnzimmer geputzt und mein Vater hat die Küche geputzt. Wir haben auch alles ausgepackt. Um sieben Uhr haben wir dann zu Abend gegessen. Mein Vater hat eingekauft, ich habe den Tisch gedeckt und meine Mutter hat gekocht. Ich habe auch abgewaschen. Wir waren alle sehr müde. Um neun Uhr habe ich mich ausgezogen und bin ins Bett gegangen.

2 Richtig oder falsch?

einrichten	to arrange
müde	tired

1 In Hollfeld wohnt Steffi in einer Wohnung.
2 Steffi findet Hollfeld nett.
3 Am Umzugstag ist Steffi spät aufgestanden.
4 Steffi hat am Umzugstag viel gemacht.
5 Steffi hat das Badezimmer geputzt.
6 Steffi hat den Tisch gedeckt und gekocht.
7 Steffi ist früh ins Bett gegangen.

3 Finde diese Verben im Perfekt im Text.

1	Ich helfe.	6	Meine Mutter kocht.
2	Ich putze.	7	Ich wasche ab.
3	Ich packe aus.	8	Ich ziehe mich aus.
4	Mein Vater kauft ein.	9	Ich gehe ins Bett.
5	Ich decke den Tisch.		

Grammatik im Fokus — Separable verbs in the perfect tense ➜ 163

In the perfect tense, the separable prefix goes at the beginning of the past participle.

Ich räume auf.	Ich habe aufgeräumt.
Wir kommen an.	Wir sind angekommen.

Grammatik

Reflexive verbs

1 Füll die Lücken mit *mich, dich* oder *sich* aus.

1 Ich wasche _____ .
2 Meine Mutter zieht _____ an.
3 Wann wäschst du _____ ?
4 Mein Vater zieht _____ aus.
5 Mein Bruder wäscht _____ .

The present and perfect tenses

3 Schreib Sätze im Präsens und im Perfekt. Benutze die Bilder.

Separable verbs

2 Schreib die Sätze zu Ende. Benutze die Wörter im Kasten.

1 Ich stehe jeden Tag um sieben Uhr _____ .
2 Meine Mutter kauft im Supermarkt _____ .
3 Mein Bruder wäscht jeden Tag _____ .
4 Ich räume jeden Tag mein Zimmer _____ .
5 Ich ziehe mich für die Schule _____ .

an		ab
	ein	
auf		auf

von + dative

4 Schreib Sätze mit den Vokabeln unten.

Beispiel: Ich bekomme 10 Euro von meinem Onkel.

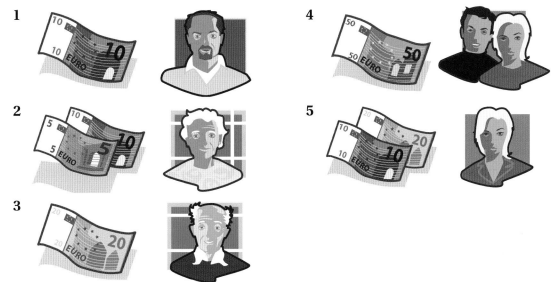

★ talk about your daily routine?
Ich stehe um sieben Uhr auf ...

★ ask others about their daily routine?
Wann stehst du auf?

★ say how you help around the house?
Ich putze das Badezimmer. Ich räume mein Zimmer auf.

★ ask others how they help at home?
Was machst du zu Hause?

★ say how often you help around the house?
Ich wasche manchmal ab.

★ say how much pocket money you get and from whom?
Ich bekomme pro Woche 10 Euro von meiner Mutter.

★ say what you buy with your pocket money?
Ich kaufe Kleidung und Zeitschriften.

★ say what you save for?
Ich spare für ein Fahrrad.

★ recognise and use reflexive and separable verbs?
Ich wasche mich. Ich ziehe mich an. Ich kaufe ein. Ich wasche ab.

★ use verbs in the present and perfect tenses?
Ich spiele Tennis. Ich habe Tennis gespielt.

Du bist dran!

Schreib eine Antwort auf die E-Mail.

Nachricht

Hallo!

Wie geht's? Mir geht's nicht so gut. Ich spare für einen neuen Fernseher und mache viel zu Hause für das Geld. Ich putze das Badezimmer und wasche jeden Tag ab. Ich bekomme dafür 10 Euro pro Woche von meinen Eltern. Am Samstag gehe ich zu meinem Opa – ich kaufe ein und sauge Staub, und ich bekomme noch 10 Euro dafür. Ich spare alles. Ich gebe kein Geld für Kino oder das Sportzentrum aus. Das Leben ist ein bisschen langweilig!

Was machst du zu Hause für dein Geld? Sparst du auch?

Dein Christoph

2 Vokabular

Meine Routine — *My routine*

Ich stehe auf.	*I get up.*
Ich wasche mich.	*I wash.*
Ich ziehe mich an.	*I get dressed.*
Ich frühstücke.	*I have breakfast.*
Ich gehe in die Schule.	*I go to school.*
Ich gehe nach Hause.	*I go home.*
Ich mache Hausaufgaben.	*I do homework.*
Ich gehe ins Sportzentrum.	*I go to the sports centre.*
Ich sehe fern.	*I watch TV.*
Ich ziehe mich aus.	*I get undressed.*
Ich gehe ins Bett.	*I go to bed.*
Was machst du um sieben Uhr?	*What do you do at 7 o'clock?*
Um sieben Uhr stehe ich auf.	*I get up at 7 o'clock.*

Wie hilfst du zu Hause? — *How do you help at home?*

Ich räume mein Zimmer auf.	*I tidy my room.*
Ich kaufe ein.	*I do the shopping.*
Ich sauge Staub.	*I vacuum.*
Ich decke den Tisch.	*I set the table.*
Ich wasche ab.	*I wash up.*
Ich putze.	*I clean.*
Ich füttere den Hund/ die Katze.	*I feed the dog/the cat.*

Wie oft machst du das? — *How often do you do that?*

immer	*always*
oft	*often*
selten	*seldom*
manchmal	*sometimes*
nie	*never*
jeden Tag	*every day*
einmal pro Woche	*once a week*

Taschengeld — *pocket money*

Wie viel Taschengeld bekommst du?	*How much pocket money do you get?*
Ich bekomme 10 Euro.	*I get 10 euros.*
pro Tag	*per day*
pro Woche	*per week*
pro Monat	*per month*
von meinen Eltern/ von meiner Mutter/	*from my parents/ from my mother/*
von meinem Vater	*from my father*
Was kaufst du davon?	*What do you buy with it?*
Ich kaufe …	*I buy …*
ein Computerspiel	*a computer game*
eine Jeans	*jeans*
Kleidung	*clothes*
Make-up	*make-up*
Süßigkeiten	*sweets*
Zeitschriften	*magazines*
Wofür sparst du?	*What do you save for?*
Ich spare für …	*I save for …*
einen Pullover	*a pullover*
einen Fernseher	*a TV*
einen Computer	*a computer*
eine Stereoanlage	*a stereo*
eine Jacke	*a jacket*
ein Fahrrad	*a bicycle*
ein Motorrad	*a motorbike*

Verben im Präsens und im Perfekt — *Verbs in present and perfect tenses*

trainieren	*to train*
gewinnen	*to win*
auswählen	*to choose*
feiern	*to celebrate*
das Trainingslager	*training camp*
aufstehen	*to get up*
trinken	*to drink*
fahren	*to drive*
bleiben	*to stay*
fernsehen	*to watch TV*
beginnen	*to start*
Ich habe gespielt.	*I have played.*
Ich habe gemacht.	*I have made.*
Ich habe getrunken.	*I have drunk.*
Ich habe gegessen.	*I have eaten.*
Ich habe gelesen.	*I have read.*
Ich habe gehört.	*I have heard.*
Ich bin gegangen.	*I have gone.*
Ich bin gefahren.	*I have driven.*
Ich entschuldige mich.	*I apologise.*
der Nebenjob	*a part-time job*
launisch	*moody*
schlechte Noten	*bad marks*
besonders	*especially*
einrichten	*to arrange/furnish*
müde	*tired*

Mein Bauch tut weh!

- Name parts of the body
- Ask someone what's wrong
- Say where it hurts
- Say how long you've been ill

▶ **Los geht's!**

A Lies die Hilfe-Wörter laut.

B Ratespiel – wie heißen sie auf Englisch?

Hilfe

1 mein Arm	7 mein Knie
2 mein Bauch	8 mein Kopf
3 mein Bein	9 meine Nase
4 mein Fuß	10 mein Rücken
5 mein Hals	11 mein Ohr
6 meine Hand	12 mein Zahn

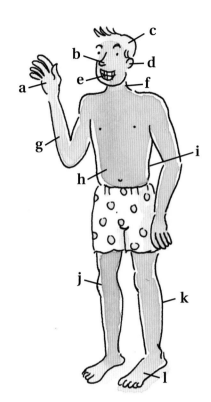

HÖREN 1a Wo tut es weh? Hör gut zu und finde die passenden Körperteile (a–l) rechts.

Körperteile	*parts of the body*

SPRECHEN 1b Partnerarbeit. Was tut weh? **A** macht eine Pantomime, **B** rät. Dann ist **B** dran.

Beispiel:

Mein Bauch tut weh!

Hilfe

Was fehlt dir? Wo tut es weh?
Mein(e) ... tut (tun) weh.
Ich habe ...schmerzen.

LESEN 2a Lies die Sätze. Was fehlt in a–d? Finde die passenden Wörter für die Lücken.

a Ich habe _____schmerzen.

b Ich habe _____schmerzen.

c Ich habe _____schmerzen.

d Ich habe _____schmerzen.

HÖREN 2b Ist alles richtig? Hör gut zu.

3a Markus ist beim Arzt. Hör gut zu und lies mit.

Arzt:	Wo tut es weh, Markus? Was fehlt dir?
Markus:	Mein Kopf tut weh und ich habe Halsschmerzen. Und ich habe auch Husten.
Arzt :	Seit wann hast du Husten?
Markus:	Seit zwei Tagen.
Arzt :	Hmm ... Du hast auch Fieber. Also, du hast Grippe, Markus! Hier, nimm diese Tabletten zweimal täglich.
Markus:	Vor dem Essen?
Arzt :	Nein, nach dem Essen.

3b Lies den Dialog noch einmal und lies die Sätze. Sind sie richtig oder falsch?

1 Markus hat Kopfschmerzen.
2 Sein Hals tut weh.
3 Er hat keinen Husten und kein Fieber.
4 Er kauft Tabletten.
5 Er muss die Tabletten zweimal pro Tag nehmen.

Hilfe

Ich habe Fieber/Grippe/Husten.
Du hast Schnupfen/Heuschnupfen.
Seit wann?
Seit gestern/zwei Tagen/Montag/einer Woche.
Nimm diese Tabletten/Tropfen/Lotion ...
Nimm dieses Medikament ...
... einmal/zweimal/dreimal täglich.
... vor/nach dem Essen/... mit Wasser.

Ziel

A Was tut weh? Macht Dialoge – von Kopf bis Fuß!

Beispiel: A Ich habe Kopfschmerzen.
B Meine Augen tun weh.
C Ich habe Zahnschmerzen.

B Du bist beim Arzt. Schreib einen Dialog wie in Übung 3a.

 **Grammatik im Fokus** seit ➡ 159

If you want to say how long you have been ill, you use the present tense with *seit* (since):

Ich **habe seit** gestern Fieber.
I've had a temperature since yesterday.

Mein Hals **tut seit** zwei Tagen weh.
*My throat **has been hurting** for two days.*

1 Schreib Sätze mit den Notizen unten.

Beispiel: 1 Ich habe seit gestern Grippe.

1 Grippe – gestern   4 Bauch – 3 Tage
2 Arm – 2 Tage   5 Husten – Mittwoch
3 Schnupfen – Dienstag   6 Bein – 1 Woche

4a Hör gut zu. Wo tut es weh – und seit wann? Und was müssen sie nehmen? Kopiere den Zettel dreimal und mach Notizen.

Beispiel:

Name: Atalay
Wo tut es weh?: Kopf, Bauch
Seit wann?: seit ...
Nimm:

4b Partnerarbeit. **A** ist Arzt/Ärztin, **B** ist Jasmin, Atalay oder Daniel. Macht Dialoge mit deinen Notizen von Übung 4a.

Beispiel: A Wo tut es weh, Atalay?
B Mein Kopf tut weh und ...

C Uwe ist krank. Kopiere seinen Entschuldigungsbrief und füll die Lücken aus.

Lieber Herr Jung,

ich kann heute leider nicht in die Schule gehen. Ich habe seit .

Ich habe und meine 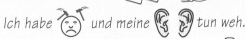 tun weh.

Ich muss **2 x Tag**  nehmen – .

Iss dich fit!

- Say what is good and bad for your health
- Say you agree/disagree

▶ Los geht's!

Lies die Wörter. Was passt nicht – und warum nicht?

1 a Abendessen	**b** Frühstück	**c** Fastfood	**d** Mittagessen
2 a Limonade	**b** Wasser	**c** Cola	**d** Kaffee
3 a Chips	**b** Nudeln	**c** Pommes frites	**d** Kartoffelsalat

LESEN 1a Mach das Quiz.

HÖREN 1b Ist alles richtig? Hör gut zu.

Quiz: Gesund essen und trinken

1 Lies die Lebensmittel-Wörter. Was ist was? Ordne die Wörter den passenden Überschriften zu.

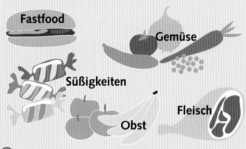

Fastfood
Gemüse
Süßigkeiten
Fleisch
Obst

Würstchen Schokolade
Äpfel Currywurst Bananen
Eis Hamburger Kekse
Hähnchen Kuchen Orangen
Kartoffeln Pizza Tomaten
Paprika Schinken Salat
POMMES FRITES

2 Lies noch einmal die Lebensmittel-Gruppen (Überschriften) in Frage 1. Ordne sie von 1 (sehr gesund) bis 5 (total ungesund).

3 Und zu trinken? Was ist sehr gesund ✔✔, ziemlich gesund ✔ oder ungesund ✗? Schreib die Reihenfolge auf.

Mineralwasser Limonade **Apfelsaft**
Cola **Kaffee** **Tee**
Milch ORANGENSAFT

4 Welche Mahlzeit ist die Nummer eins für die Gesundheit?

Frühstück:	Müsli, gekochtes Ei, Milch
Mittagessen:	Schokolade, Chips, Cola
Abendessen:	Pommes frites, Eis, Limonade

5 Du bist im Restaurant und willst gesund essen. Lies die Speisekarte und wähle das gesunde Essen (a oder b).

1 a Müsli mit Zucker und Sahne
   b Müsli mit Jogurt und Erdbeeren

2 a Nudeln mit Käse und Ei
   b Nudeln mit Pilzen und Tomaten

3 a Pizza mit Spinat und Thunfisch
   b Pizza mit Wurst und Käse

4 a Reissalat mit Majonäse
   b Grüner Salat mit Zwiebeln

5 a Brötchen mit Butter und Marmelade
   b Brot ohne Butter und mit Tomate

2 Du bist dran! Was hast du gestern gegessen und getrunken? Schreib eine Liste.

Beispiel: Toast, Tee, ...

3a Lies deine Wörter von Übung 2 und die Wörter vom Quiz. Was isst und trinkst du: jeden Tag, manchmal, selten und nie? Schreib Sätze.

Beispiel: Ich esse jeden Tag Pizza. Ich trinke ...

3b Partnerarbeit. Diskutiere deine Liste mit deinem Partner/deiner Partnerin: Ist das gesund oder ungesund?

Beispiel: A Ich esse jeden Tag Pizza. Das ist ziemlich gesund, finde ich.
B Nein, das ist ungesund!

Gut gesagt! Zusammengesetzte Nomen

4 Hör gut zu und wiederhole.

Heuschnupfen

Currywurst

Mineralwasser

Obstsalat

Bauchschmerzen

Volleyball

Orangensaft

Pausenbrot

Lerntipp

Zusammengesetzte Nomen

1a Einige Nomen bestehen aus mehreren Wörtern. Was bedeuten diese Wörter? Rate!

1 Fußballspiel	**4** Taxifahrer
2 Tischtennis	**5** Waschmaschine
3 Käsekuchen	**6** Trinkwasser

1b Ist alles richtig? Schau im Wörterbuch nach.

der, die oder *das*? Immer das letzte Wort:

der Gemüsesalat: das Gemüse + der Salat

die Abendspeisekarte: der Abend + die Speise
                                 + die Karte

das Mittagspausenbrot: der Mittag + die Pause
                                  + das Brot

2 *der, die* oder *das*? Finde die passenden Artikel für die Wörter links in **Gut gesagt!**

■ Ziel

A Finde fünf andere zusammengesetzte Nomen in Einheit 3. Was bedeuten sie? Und haben sie *der, die* oder *das* als Artikel?

B Mach eine Klassenumfrage: „Was isst und trinkst du jeden Tag, manchmal, selten, nie? Ist das gesund oder ungesund?"

Beispiel: 10 Schüler essen jeden Tag Pommes frites. Das ist ungesund!

C Was hast du letzte Woche gegessen und getrunken? Schreib ein Tagebuch: Was ist deine Meinung?

Beispiel: Montag: Frühstück: Ich habe Müsli mit Banane gegessen und Milch getrunken. Das ist gesund – Obst ist sehr gesund.

Meine Gesundheit

■ Say what you do for your health

■ Understand and give basic advice on healthy living (using the imperative)

▶ **Los geht's!**

Lies die Texte in Übung 1a und finde:

1 8 Sportarten **2** 12 Verben **3** 8 Adjektive

1a Lies die Texte.

Ich mache viel für meine Gesundheit. Ich bin ziemlich sportlich. Ich fahre seit zehn Jahren Ski. Wir fahren jeden Winter zum Skifahren nach Österreich. Und im Sommer fahre ich Skateboard – das macht Spaß. Und ich spiele seit sechs Monaten Golf – mit meinem Vater. Aber mein Lieblingssport ist Radfahren: Ich habe ein Mountainbike und fahre jeden Tag: zur Schule, in die Stadt, in die Disco …
Yusuf (15)

Ich mache gern Sport – Sport macht fit und ist gesund. Mein Lieblingssport ist Fußball. Ich spiele seit fünf Jahren Fußball. Ich spiele zweimal pro Woche: Ich spiele mittwochs in der Schule und am Samstag spiele ich im Jugendzentrum. Meine Freundinnen sagen: „Fußball ist nichts für Mädchen!", aber das stimmt nicht. Fußball ist ein toller Sport – für Jungen und für Mädchen.
Nadine (16)

Sport ist langweilig – und anstrengend! Ich muss in der Schule einmal pro Woche Sport machen: Basketball, Turnen, Volleyball … Das finde ich furchtbar. Nachmittags, nach der Schule, bin ich am liebsten in meinem Zimmer: Ich lese oder ich sehe fern. Aber ich bin nicht total faul: Ich habe seit zwei Jahren einen Hund und wir gehen jeden Morgen in den Park – zu Fuß.
Torsten (14)

1b Wer macht was? Finde die passenden Bilder.

Beispiel: Yusuf: b, …

1c Lies die Texte noch einmal. Wer macht was seit wann/wie oft? Mach Notizen.

Beispiel:
1 seit fünf Jahren: Nadine – Fußball

1 seit fünf Jahren	6 jeden Winter
2 seit zwei Jahren	7 zweimal pro
3 seit sechs Monaten	Woche
4 seit zehn Jahren	8 jeden Tag
5 jeden Morgen	

1d Was machen Yusuf, Nadine und Torsten für ihre Gesundheit – und seit wann und wie oft? Schreib drei kurze Artikel mit deinen Notizen von Übung 1c.

Beispiel: Nadine spielt seit fünf Jahren Fußball. Sie spielt …

2 Partnerarbeit. Du bist dran! Was für Sport machst du für deine Gesundheit? Seit wann und wie oft machst du das? **A** ist Reporter und fragt, **B** antwortet.

Beispiel:
A Was für Sport machst du?
B Ich spiele seit zwei Jahren Tennis.
A Und wie oft machst du das?
B Zweimal pro Woche.

HÖREN 3 Hör gut zu und finde die passenden Bilder.

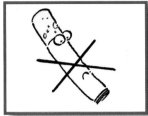

a Rauch nicht!

b Iss viel Obst und Gemüse!

c Trink keinen Alkohol!

d Mach viel Sport!

e Iss keine Süßigkeiten!

f Trink viel Wasser!

g Iss kein Fastfood!

h Geh viel zu Fuß!

 **Grammatik im Fokus** / **The imperative** ➡ **164**

The imperative is used to give instructions or advice. For friends, family or children you use the *du* form of the verb without the *du* and the *-st* ending and you start with the verb:

Du trinkst viel Wasser. ➡	**Trink** viel Wasser!
Du isst keine Süßigkeiten. ➡	**Iss** keine Süßigkeiten!

For adults or strangers you use the *Sie* form with the *Sie* and you start with the verb:

Sie machen viel Sport. ➡	**Machen Sie** viel Sport!
Sie rauchen nicht. ➡	**Rauchen Sie** nicht!

1 Schreib die Sätze richtig auf.
 1 Iss / Chips / keine / !
 2 keine / Schokolade / Kauf / !
 3 jeden Tag / Mineralwasser / Trink / !
 4 Fastfood-Restaurants / in / nicht / Geh / !
 5 Sport / zweimal / Mach / Woche / pro / !
 6 viel / und / Obst / Salat / Iss / !

2 Schreib neue Imperativ-Sätze.
 Beispiel: 1 Nimm diese Tabletten!
 1 Du nimmst diese Tabletten.
 2 Sie gehen zu Fuß in die Stadt.
 3 Du kochst ohne Fleisch.
 4 Sie spielen jeden Tag Fußball.
 5 Du gehst um 20 Uhr ins Bett.
 6 Sie nehmen diese Tropfen.

■ **Ziel**

A Schreib eine ‚Tipps für die Gesundheit'-Broschüre: Erfinde weitere Tipps für die Gesundheit und finde oder zeichne Bilder.
 Beispiel: Iss jeden Tag Frühstück! Frühstück ist gesund.

B Machst du Sport? Seit wann und wie oft? Schreib einen Artikel so wie in Übung 1a.

C Dein Partner/Deine Partnerin tut nichts für seine/ihre Gesundheit! Gib ihm/ihr Tipps für die Gesundheit.
 Beispiel: A Ich esse jeden Tag Schokolade. B Das ist ungesund! Iss jeden Tag Obst und Gemüse!

3.4 Was soll man für die Gesundheit tun?

- Say what you should do for a healthy lifestyle
- Say what you shouldn't do for a healthy lifestyle
- Say how you have improved your health

▶ Los geht's!

Was soll man für die Gesundheit tun? Finde die passenden Bilder für die Sätze.

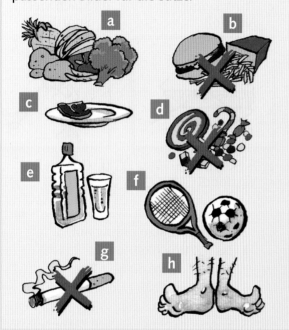

Man soll …

1 viel Mineralwasser trinken

2 Sport treiben

3 kein Fastfood essen

4 nicht rauchen

5 viel Obst und Gemüse essen

6 zu Fuß zur Schule gehen

7 wenig Fleisch essen

8 keine Süßigkeiten essen

HÖREN 1 Ist alles richtig oben links? Hör gut zu.

HÖREN 2 Was sagen Julia und Marius – was soll man für die Gesundheit tun? Hör gut zu und finde die passenden Bilder oben.

Beispiel: Julia: d, …

SCHREIBEN 3 Was soll man in der Schule für die Gesundheit tun? Mach ein Poster für das Klassenzimmer.

Beispiel: Man soll zu Fuß zur Schule gehen.
Man soll kein Fastfood essen.

SPRECHEN 4 Wie findet dein Partner/deine Partnerin deine Tipps? Macht Dialoge.

Beispiel:
A Man soll zu Fuß zur Schule gehen – das finde ich nicht so gut.
B Ja, aber das ist gut für die Gesundheit!

Grammatik im Fokus / ich/man soll …

➡ 163–164

Sollen is another modal verb: it sends the main verb to the end of the sentence – in its infinitive form.

Ich **esse** keine Süßigkeiten.	Man **soll** keine Süßigkeiten **essen**.
Ich **rauche** nicht.	Man **soll** nicht **rauchen**.

1 Schreib neue Sätze mit *Man soll …*

Beispiel:
1 Man soll keinen Kuchen essen.

1 Ich esse keinen Kuchen.
2 Ich esse jeden Tag Obst.
3 Ich gehe viel zu Fuß.
4 Ich esse keine Pizza.
5 Ich trinke viel Wasser.
6 Ich schwimme jeden Tag.

5a Hör gut zu und lies Philipps ‚Fit in den Frühling'-Resultate. Finde dann die passenden Tipps für die Resultate.

Ich habe früher nicht viel für meine Gesundheit gemacht! Aber im März hat meine Klasse eine ‚Fit in den Frühling'-Aktion gemacht. Hier sind meine Resultate:

Philipp

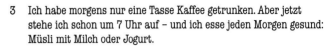

a Man soll jeden Tag Frühstück essen.
b Man soll viel Obst und Gemüse essen.
c Man soll kein Fastfood essen.
d Man soll zu Fuß zur Schule gehen.
e Man soll viel Sport treiben.

1 Ich habe früher fast jeden Tag Pizza oder Cheeseburger mit Pommes frites gegessen – nach der Schule in der Stadt. Aber jetzt esse ich mittags zu Hause. Meine Mutter und ich kochen leckere Gerichte: Nudeln mit Soße, Fisch mit Kartoffeln, Milchreis … das schmeckt super!

2 Ich habe früher nicht viel Sport gemacht – Sport ist anstrengend, weil ich oft Rückenschmerzen habe. Aber jetzt schwimme ich jeden Morgen, und zweimal pro Woche spiele ich Basketball. Das macht Spaß! Und mein Rücken tut nur noch selten weh!

3 Ich habe morgens nur eine Tasse Kaffee getrunken. Aber jetzt stehe ich schon um 7 Uhr auf – und ich esse jeden Morgen gesund: Müsli mit Milch oder Jogurt.

4 Ich bin früher mit dem Bus zur Schule gefahren, weil das schnell und bequem ist. Aber jetzt gehe ich zusammen mit meiner Freundin Susi (sie wohnt in meiner Straße) zu Fuß. Das macht fit, das ist billig – und es macht Spaß!

5 Ich habe im Winter oft Grippe und Schnupfen gehabt. Aber jetzt esse ich jeden Tag Orangen, Äpfel, Karotten und Salat – und ich bin gesund! Früher habe ich jeden Tag Süßigkeiten und Chips gegessen …

5b Lies den Text noch einmal und finde sieben Sätze im Perfekt. Schreib dann damit ein Tagebuch für Philipp – im Präsens.

Beispiel: Ich habe früher nicht viel für meine Gesundheit gemacht. → Ich mache nicht viel für meine Gesundheit.

5c Du bist dran – schreib ‚Fit in den Frühling'-Resultate für die Tipps in Übung 5a auf.

Beispiel: 1 Man soll kein Fastfood essen: Ich habe früher viel Fastfood gegessen. Aber jetzt esse ich jeden Tag …

Wiederholung Modalverben + der Infinitiv

Sollen (*should*), müssen (*must*), dürfen (*to be allowed to*), wollen (*will*), können (*can*) + gehen/lernen/machen/helfen

ich	soll/muss/darf/will/kann
du	sollst/musst/darfst/willst/kannst
er/sie/es/man	soll/muss/darf/will/kann
wir	sollen/müssen/dürfen/wollen/können

1 Schreib neue Sätze mit den Modalverben.

1 Ich esse kein Fleisch. (sollen)
2 Du trinkst keine Cola. (dürfen)
3 Wir gehen ins Schwimmbad. (können)
4 Tom geht zur Schule. (müssen)
5 Ich spiele Fußball. (wollen)

■ Ziel

A Macht ein ‚Fit in den Frühling'-ABC!

Beispiel: **A** *Man soll keinen Alkohol trinken.*
B *Man soll Basketball spielen.*
C *Man soll keine Cola trinken.*

B Partnerarbeit. Was willst du für deine Gesundheit tun? Macht Dialoge.

Beispiel: **A** *Man soll keine Pizza essen.*
B *Und man soll keine Cola trinken.*

C Lies deine Tipps (in Übung 3) noch einmal. Warum soll man das tun? Schreib Sätze mit *weil*.

Beispiel: Man soll zu Fuß zur Schule gehen, weil das fit macht.

Die Klasse! – Clique

1

Kathi: Was hast du gestern gemacht, Markus?

Markus: Ich bin zu Jana gegangen. Sie war aber nicht zu Hause. Und dann habe ich sie mit einem jungen Mann gesehen!

Cedi: Einem jungen Mann – wie sieht er aus?

Markus: Er ist groß und er hat schwarze Haare. Und er trägt eine Brille.

2

Cedi: Ich will einen Job!

Kathi: Ja, ich auch!

Cedi: Ich weiß: wir fahren am Wochenende nach Bayreuth! Wir gehen zum Imbiss am Markt.

Kathi: Cedi, man soll kein Fastfood essen – das ist ungesund!

Cedi: Nein, ich werde kein Fastfood essen – ich werde dort arbeiten!

3

Jana, was fehlt dir? Hast du einen Freund? Darfst du nicht nach Berlin fahren? Und du und ich – ist alles aus?

4

Moment – ich habe eine Idee …

> Markus und Steffi ... O nein! Mein Bauch tut weh ...

Cedi: Hallo, Markus! Wie geht's?
Markus: Super – aber ich habe Kopfschmerzen ...
Cedi: Aha ... was hast du denn gestern Abend gemacht?
Markus: Ich bin ins Kino gegangen – mit Steffi!
Cedi: Mit Steffi??
Markus: Ja, und wir haben in der Disco getanzt!

1 Hör gut zu und lies mit.

2 Wie heißt das auf Deutsch?
  1 a young man
  2 I know.
  3 Is everything over?

3 Finde im Text:
  1 vier Adjektive
  2 vier Modalverb-Sätze
  3 drei Perfekt-Sätze

4 Lies den Text. Finde die richtige Reihenfolge für die Sätze.
  1 Markus is worried that Jana has a new boyfriend.
  2 Kathi and Cedi want to earn money for the trip to Berlin.
  3 Markus has an idea how to make Jana jealous.
  4 Markus saw Jana with a strange man.
  5 Jana is sick at the thought of Markus being with Steffi.
  6 Markus pretends to have gone on a date with Steffi.

Lese-Spaß!

Gesundes Leben

1 Lies die Briefe und finde die passenden Überschriften.

a

Ich soll ungesund leben!

b

Mein Problem: Essen zu Hause!

c

Meine Eltern rauchen!

Lieber Dr. Sommer, ich bin 15 und ich wohne in Berlin. Man soll nicht rauchen, weil das ungesund ist – das weiß ich. Ich habe aber ein Problem: Mein Vater raucht viel – im Wohnzimmer, in der Küche … ich habe jeden Tag Kopfschmerzen, und mein Hals tut weh. Aber er sagt: „Ich rauche, weil ich Stress habe!" Und meine Mutter sagt: „In deinem Zimmer raucht Papa doch nicht!" Was soll ich machen?

Oliver

Lieber Dr. Sommer, ich bin 16 Jahre alt und ich wohne in Dresden. Ich bin Vegetarierin – ich esse kein Fleisch und keinen Fisch. Mein Problem ist meine Mutter: Sie kocht jeden Abend für die Familie Fleisch oder Fisch … Sie sagt immer: „Kein Fleisch?? Das ist nicht gesund! Du musst jeden Tag Fleisch essen!" Aber das ist falsch, finde ich.

Hanna

Dr. Sommer

Lieber Dr. Sommer, ich mache viel für meine Gesundheit: Ich esse kein Fastfood und keine Süßigkeiten. Ich mache auch jeden Tag Sport: Ich schwimme morgens, und nachmittags spiele ich Tennis oder fahre Rad. Aber meine Freunde sagen jetzt: „Du bist langweilig!" Sie wollen jeden Nachmittag Computerspiele spielen oder im Internet surfen. Und abends gehen sie in die Disco. Am Samstag bin ich auch in die Disco gegangen – und sie haben gesagt: „Trink Alkohol – so wie wir! Das macht Spaß und ist cool!" Aber das will ich nicht!

Tobias (15) aus Hamburg

2 Schreib Antworten für die Fragen.

1 Warum soll man nicht rauchen?
2 Was fehlt Oliver?
3 Warum raucht Olivers Vater?
4 Was isst Hanna nicht?
5 Was gibt es jeden Tag zum Abendessen?
6 Was isst Tobias nicht?
7 Was macht er jeden Morgen und Nachmittag?
8 Was machen seine Freunde?
9 Was soll er in der Disco machen?

3a Lies Dr. Sommers Antwortbrief an Hanna und füll die Lücken aus.

Liebe Hanna, du willst _____.
Das muss _____ verstehen.
Essen _____ ist gesund – das ist richtig! Sag das deiner Mutter.

ohne Fleisch	deine Mutter
kein Fleisch essen	

3b Wählt einen anderen Problembrief und schreibt eine Antwort für Dr. Sommer wie in Übung 3a.

Grammatik

seit

1 Schreib sechs Sätze mit den Informationen unten.

Beispiel: Ich habe seit drei Tagen Rückenschmerzen.

Rücken	drei Tage
Zahnschmerzen	Samstag
Fieber	zwei Tage
Ohren	Dienstag
Fuß	eine Woche
Heuschnupfen	gestern

The imperative

2 Schreib die Sätze auf Deutsch auf – im Imperativ.

1 Don't smoke.
2 Drink lots of water.
3 Walk every day.
4 Eat a lot of apples.
5 Don't eat chocolate.
6 Play football twice a week.

3 Füll die Lücken mit dem passenden Imperativ aus.

1 _____ keine Cola!
2 _____ diese Tabletten!
3 _____ jeden Tag Sport!
4 _____ viel Rad!
5 _____ zweimal pro Woche Tennis!
6 _____ jeden Tag Salat!

Ich/Man soll ...

4 Schreib die Sätze richtig auf.

1 soll / man / rauchen / nicht / .
2 viel / machen / Sport / man / soll / .
3 Chips / keine / soll / essen / man / .
4 man / trinken /soll / Alkohol / keinen / .
5 jeden / soll / Hausaufgaben / man / machen / Tag / .
6 fahren / viel / man / Rad / soll / .

5 Schreib Sätze mit *Man soll ...* für die Bilder.

a   b

c   d

e   f

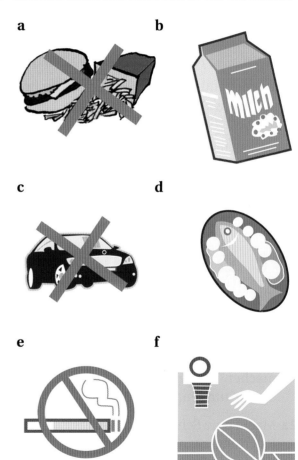

- ★ name parts of the body?
  mein Bauch/meine Nase/mein Knie

- ★ ask someone what's wrong?
  Was fehlt dir? Wo tut es weh?

- ★ say where it hurts?
  Ich habe Zahnschmerzen. Mein Arm tut weh.

- ★ say how long you've been ill?
  Seit gestern/zwei Tagen.

- ★ say what is good and bad for your health?
  Das ist gesund/ungesund.

- ★ say you agree/disagree?
  Das stimmt. Nein, das stimmt nicht.

- ★ say what you do for your health?
  Ich mache viel für meine Gesundheit. Ich mache Sport.

- ★ understand and give basic advice on healthy living (using the imperative)?
  Iss viel Obst! Trink keinen Alkohol!

- ★ say what you should do for a healthy lifestyle?
  Man soll viel zu Fuß gehen.

- ★ say what you shouldn't do for a healthy lifestyle?
  Man soll wenig Fleisch essen.

Du bist dran!

1a Macht eine Sport-Umfrage in der Schule. Fragt: „Wie oft machst du Sport?". Schreibt die Resultate auf.

1b Was für Sport kann man in der Schule machen? Schreibt und zeichnet einen Sport-Stundenplan.

2a Macht eine Schulumfrage: „Was isst du jeden Tag, manchmal oder nie?" Schreibt die Resultate auf. Fragt auch: „Was meinst du – ist dein Essen und Trinken sehr gesund, ziemlich gesund, nicht so gesund oder ungesund?" Schreibt die Resultate auf.

Beispiel:

> *10 Schüler/Schülerinnen essen jeden Tag Brot oder Brötchen. Das ist gesund.*
> *7 Schüler/Schülerinnen essen jeden Tag ...*

2b Macht einen ‚Gesund essen und trinken'-Speiseplan für:

a Pausenbrote   **b** die Kantine

Beispiel:

zu viel Butter, zu viel Majonäse; Pommes frites; Chips; Cola; kein Obst

Senf (keine Butter oder Majonäse); Schinken; ein Apfel; Orangensaft

3 Macht einen Radiospot für das Schulradio – nehmt alle Informationen auf Kassette auf.

Beispiel: Thema Nummer eins ist Sport. Nur 11 Schüler und Schülerinnen machen jeden Tag Sport – das ist nicht viel! ...

Was fehlt dir? — *What's wrong?*

Wo tut es weh?	*Where does it hurt?*
Mein(e) … tut (tun) weh.	*My … hurts/hurt.*
mein Arm	*my arm*
mein Bauch	*my stomach*
mein Bein	*my leg*
mein Fuß	*my foot*
mein Hals	*my throat*
mein Knie	*my knee*
mein Kopf	*my head*
mein Rücken	*my back*
mein Ohr	*my ear*
mein Zahn	*my tooth*
meine Hand	*my hand*
meine Nase	*my nose*
die Körperteile	*the parts of the body*
Ich habe …schmerzen.	*I have …ache.*
Ich habe Bauchschmerzen.	*I have stomach ache.*

Ich habe/Du hast … — *I/You have …*

Grippe	*flu*
Fieber	*fever*
Husten	*a cough*
Schnupfen	*a cold*
Heuschnupfen.	*hay fever.*
Seit wann?	*Since when/for how long?*
Seit gestern/Montag.	*Since yesterday/Monday.*
Seit zwei Tagen/ einer Woche.	*For two days/ a week.*
Nimm diese Tabletten/Tropfen/ Lotion.	*Take these tablets/drops/ this lotion.*
Nimm dieses Medikament …	*Take this medicine …*
einmal	*once*
zweimal	*twice*
dreimal täglich	*three times daily*
vor	*before*
nach dem Essen	*after a meal*
mit Wasser.	*with water.*

Das ist gesund/ ungesund. — *That's healthy/unhealthy.*

Ich mache (nicht) viel für meine Gesundheit.	*I do a lot/not much for my health.*
Iss viel Obst und Gemüse!	*Eat lots of fruit and vegetables!*
Iss keine Süßigkeiten/ kein Fastfood!	*Don't eat sweets/ fast food!*
Trink viel Wasser!	*Drink lots of water!*
Trink keinen Alkohol!	*Don't drink alcohol!*
Rauch nicht!	*Don't smoke!*
Mach viel Sport!	*Do lots of sports!*
Geh viel zu Fuß!	*Go everywhere on foot!*

Man soll … — *You/One should …*

viel Sport treiben	*do lots of sports*
viel Obst und Gemüse/ wenig Fleisch essen	*eat lots of fruit and vegetables/little meat*
zu Fuß zur Schule gehen	*walk to school*
viel Mineralwasser trinken.	*drink lots of mineral water.*

Man soll … — *You/One shouldn't …*

kein Fastfood essen/ nicht rauchen.	*eat fast food/smoke.*

Wiederholung

SPRECHEN 1 Partnerarbeit. Ratespiel: A wählt einen Jungen und beschreibt ihn, B rät. Dann ist B dran.

Beispiel:

A Er hat kurze, glatte, schwarze Haare und er trägt eine Brille …

Meltem   Jörg   Franz

LESEN 2a Lies Marks Brief.

Lieber Thomas,

wie sind deine Eltern? Meine Eltern sind sehr streng und wir verstehen uns gar nicht gut. Mein Vater ist sehr ungeduldig und wir streiten uns oft, weil ich keine Musik in meinem Zimmer hören darf. Ich muss Musik im Wohnzimmer hören und das mag ich nicht. Ich darf auch keine Freunde nach Hause einladen, weil ich immer zu Hause helfen muss. Meine Mutter sagt auch, ich muss jeden Abend lernen, weil ich in der Schule nicht sehr gut bin.

Aber meine Großeltern sind einfach prima. Wir verstehen uns sehr gut, weil sie gar nicht altmodisch sind. Sie sind lieb und nie gemein. Ich bekomme pro Woche 20 Euro Taschengeld von meinen Großeltern, weil ich zu Hause nie genug Taschengeld bekomme. Abends darf ich sogar bei meinen Großeltern fernsehen, weil sie tolerant und ganz modern sind.

Und du? Wie sind deine Eltern und Großeltern?

Dein Mark

SCHREIBEN 2b Du bist dran! Wie sind deine Eltern/Großeltern? Schreib einen Antwortbrief an Mark.

SPRECHEN 3 Gruppenarbeit. Gedächtnisspiel: Was darfst du nicht machen? Was musst du machen?

Beispiel:

A Ich darf nicht fernsehen.
B Ich darf nicht fernsehen und ich darf keine …

A Ich muss abwaschen.
B Ich muss abwaschen und ich muss …

LESEN 4a Lies den Brief von Maja.

Liebe Christina!

Du fragst: Wie ist mein Alltag? Also, um halb sieben stehe ich auf und ich ziehe mich an. Ich frühstücke dann – ich esse Toast und ich trinke Tee. Ich helfe immer zu Hause und um sieben Uhr wasche ich ab. Ich räume jeden Tag mein Zimmer auf und ich gehe danach in die Schule. Um zwei Uhr kaufe ich für meine Mutter ein und dann gehe ich nach Hause. Ich kaufe einmal pro Tag ein. Abends decke ich den Tisch und ich füttere meine Katze. Sie heißt Mimi. Um neun Uhr wasche ich mich und ziehe mich aus. Um halb zehn gehe ich ins Bett.

Tschüs!
Maja

SPRECHEN 4b Du bist dran! Beschreib deinen Alltag wie Maja.

Beispiel: Um halb acht stehe ich auf und dann frühstücke ich …

5a Interview im Radio. Hör gut zu und lies die Sätze. Sind sie richtig oder falsch?

1 Udo kauft jeden Tag ein.
2 Er räumt gern sein Zimmer auf.
3 Er bekommt nie Taschengeld von seinem Vater.
4 Er arbeitet nicht gern im Garten.
5 Er bekommt Taschengeld von seinen Großeltern.
6 Udo spart gar nichts.

5b Hör noch einmal gut zu und korrigiere die falschen Sätze.

Beispiel: 1 Udo kauft einmal pro Woche ein.

5c Macht ein Interview so wie in Übung 5a.

- Wie hilfst du zu Hause?
- Bekommst du Taschengeld?
- Wie viel Taschengeld bekommst du?
- Was kaufst du oder wofür sparst du?

6a Tipps für die Gesundheit – finde die passenden Sätze für die Bilder.

1 Mach viel Sport!
2 Iss keine Süßigkeiten!
3 Rauch nicht!
4 Iss viel Obst und Gemüse!
5 Trink keinen Alkohol!
6 Geh viel zu Fuß!
7 Trink viel Wasser!
8 Iss kein Fastfood!

6b Schreib die passenden Infinitive für die Imperative in Übung 6a auf.

Beispiel: 1 Mach – machen

6c Partnerarbeit. Was soll man für die Gesundheit tun? **A** wählt ein Bild von Übung 6a, **B** antwortet mit *Man soll …* Dann ist **B** dran.

Beispiel: A Bild b!
B Man soll kein Fastfood essen!

7 Andi macht ein Picknick – aber viele Freunde und Freundinnen kommen nicht! Was haben sie – und seit wann? Hör gut zu und mach Notizen.

Beispiel:

Telefonnachricht

Wer: Vera
Probleme: Grippe, Kopfschmerzen, Hals tut weh
Seit wann: seit …
Er/Sie muss: 2 x pro Tag Halstabletten nehmen

Wohin bist du gefahren?

4 Die Ferien

- Say where you went on holiday and ask others
- Say how you travelled and ask others
- Say how long you stayed and ask others

▶ Los geht's!

Welches Land ist das?

a
b
c
d
e
f
g

1	Deutschland
2	Frankreich
3	Österreich
4	die Schweiz
5	Spanien
6	Italien
7	Griechenland

LESEN

1 Welche Bilder passen?

1 Daniel

Ich bin für zehn Tage nach Griechenland geflogen.

2 Anne

Wir sind mit dem Auto nach Italien gefahren. Wir sind zwei Wochen dort geblieben.

3 Thomas

Ich bin nach Uganda geflogen. Meine Familie wohnt da und ich bin einen Monat geblieben. Fantastisch!

4 Jixia

Ich bin zu Hause geblieben. Deutschland ist auch schön im Sommer!

a

b

c

d

e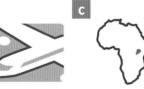

f

g

h

i

HÖREN

2 Wohin sind sie im Sommer gefahren? Wie? Wie lange sind sie geblieben? Hör gut zu und füll die Tabelle aus.

	Wohin?	Wie?	Wie lange?
Mira	*Griechenland*		
Heike			
Alex			
Alf			
Susi			

3a Mach eine Umfrage in der Klasse.

1 Wohin bist du gefahren?
2 Wie bist du gefahren?
3 Wie lange bist du geblieben?

Hilfe

Wohin bist du im Sommer gefahren?
Ich bin nach … gefahren.
Ich bin zu Hause geblieben.
Wie bist du gefahren?
Ich bin mit dem Zug/Auto gefahren.
Wir sind geflogen.
Wie lange bist du geblieben?
Ich bin … geblieben.

3b Schreib die Resultate auf.

Beispiel: Tom ist nach Griechenland geflogen. Er ist eine Woche geblieben.

Grammatik im Fokus / The perfect tense using *sein*

➡ 165

If you want to talk about where you travelled to or went to, you use verbs which form their perfect tense with *sein* instead of *haben*. The past participles are also different: most of them still start with *ge-*, but they end with *-en*. Some also change their vowel sounds.

		past participle
fahren	Ich **bin** nach Berlin	gefahren.
fliegen	Wir **sind** nach Indien	geflogen.
gehen	**Bist** du ins Schwimmbad	gegangen?
bleiben*	Susi **ist** zu Hause	geblieben.

*Note that *bleiben* (to stay) also forms its perfect tense with *sein*, even though it's not a 'movement' verb.

1 *bin, bist, ist* oder *sind*? Füll die Lücken aus.
1 Ich _____ nach Irland gefahren.
2 Fredi _____ nach Frankreich geflogen.
3 Wir _____ nach Wien gefahren.
4 Susi und Sven _____ zu Hause geblieben.
5 Wohin _____ du gefahren?

3 Schreib einen Antwortbrief für Kathi mit den Informationen unten.

Ich:
Meine Schwester:
Mein Bruder:
Meine Eltern:

2 Lies Toms Brief und füll die Lücken aus.

Hallo, Kathi!
Wohin bist du im Sommer ge⬛⬛⬛?
Ich bin nach Schottland gefl⬛⬛⬛.
Meine Brüder Alex und Mark
sind nach Griechenland ge⬛⬛⬛ –
mit dem Auto. Und meine Eltern?
Mein Vater ist zu Hause ge⬛⬛⬛ –
und meine Mutter ist nach Wien
gefl⬛⬛⬛!
Tom

■ Ziel

A Schreib die Sätze richtig auf.
1 bin nach ich Frankreich gefahren
2 mit gefahren ich dem bin Auto
3 zehn ich geblieben Tage bin

C Was hast du in den letzten fünf Jahren in den Ferien gemacht? Schreib Sätze.

Beispiel: Vor fünf Jahren bin ich …

B Macht Dialoge. (Sieh *Hilfe* oben.)

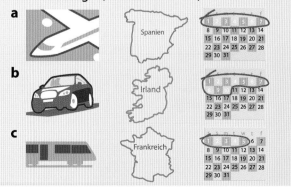

- Ask what someone did on holiday
- Say what you did on holiday
- Say what it was like

▶ Los geht's!

Was passt zusammen?

1 Ich habe Tennis gespielt.
2 Ich habe einen Ausflug gemacht.
3 Ich habe Souvenirs gekauft.
4 Ich habe die Sehenswürdigkeiten besichtigt.
5 Ich habe meine Großeltern besucht.
6 Ich habe Eis gegessen.
7 Ich habe Limonade getrunken.
8 Ich bin in die Disco gegangen.
9 Ich bin ins Museum gegangen.
10 Ich bin in den Freizeitpark gegangen.
11 Ich bin zum Strand gegangen.
12 Ich bin geschwommen.

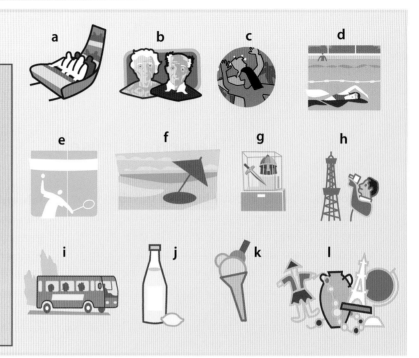

HÖREN

1 Was haben sie in den Ferien gemacht? Hör gut zu (1-4) und finde die passenden Bilder oben.

Beispiel: 1 f, ...

SPRECHEN

2a Partnerarbeit. Macht Dialoge mit den Bildern.

Beispiel: A Was hast du in den Ferien gemacht?
B Ich habe Tennis gespielt, ...

SCHREIBEN

2b Schreib die Dialoge im Heft auf.

Gut gesagt! Perfekt-Partizipien

HÖREN

3 Hör gut zu und wiederhole.

> *Ich bin nach Genf geflogen.*
> *Gabi ist ins Geschäft gegangen.*
> *Wir sind nach Gellen gefahren.*
> *Und Günther ist zu Hause geblieben!*

HÖREN LESEN

4 Hör gut zu und lies mit.

Anna: Wo warst du in den Ferien, Dieter?
Dieter: Ich war in München. Es war toll.

Anna: Wie war das Wetter?

Dieter: Es war schön. Es war immer warm. Wir haben Tennis gespielt und wir sind einkaufen gegangen.

 **The imperfect tense** ➡ 165

There is another past tense in German – the imperfect tense. A small number of very common verbs are more usually found in the imperfect tense instead of the perfect tense – *sein* is one of these verbs:

Präsens (present tense)	Imperfekt (imperfect tense)
Ich **bin** in Berlin. ➡	Ich **war** in Berlin.
Wo **bist** du? ➡	Wo **warst** du?
Es **ist** schön. ➡	Es **war** schön.

1 Lies Maltes Postkarte. Finde alle Sätze im Imperfekt und alle Sätze im Perfekt. Schreib die Sätze in zwei Listen auf.

Liebe Claudia,
wo warst du in den Ferien? Und was hast du gemacht? Ich war in Berlin. Ich habe meinen Bruder besucht. Ich habe einen Fußball gekauft und wir haben Fußball gespielt. Das war toll! Das Wetter war aber schlecht: es war immer kalt, und es hat manchmal geschneit! Das war nicht so gut. Wie war das Wetter in Hamburg?
Viele Grüße,
Malte

2 Wo warst du in den Ferien? Wie war es?

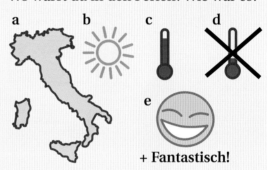

+ **Fantastisch!**

3 Du bist dran! Wie war das Wetter am Wochenende? Schreib Sätze.

■ **Ziel**

A Übe mit einem Partner/einer Partnerin. Sag den richtigen Satz für die Bilder in **Los geht's!**
Beispiel: A Bild b.
B Ich habe meine Großeltern besucht.
A Richtig!

B Gedächtnisspiel.
Beispiel: A Ich bin geschwommen. Es war toll!
B Ich bin geschwommen. Es war toll und ich habe Tennis gespielt. Es war …

C Schreib eine Postkarte aus den Ferien wie oben.
Beispiel: Wo warst du in den Ferien? Ich war in Griechenland. Ich habe …

4.3 | Wo hast du gewohnt?

- Ask where someone stayed on holiday
- Say where you stayed on holiday
- Say what it was like

▶ **Los geht's!**

Finde die zehn Adjektive in der Schlange.

GROßLAUTKLEINMODERNSCHÖNSAUBERALTKALTLUSTIGSCHMUTZIG

HÖREN 1 Wo haben sie gewohnt? Hör gut zu und finde das passende Bild.

a in einem Hotel

b in einem Wohnwagen

c in einem Wohnmobil

d in einem Zelt

e in einer Ferienwohnung

f in einer Jugendherberge

g bei einer Gastfamilie

h bei Freunden

LESEN 2 Lies die Texte. Was bedeutet „Das hat mir gefallen" auf Englisch?

1 Ich habe in einem Zelt gewohnt. Das hat mir gefallen, weil es lustig war.

2 Ich habe in einem Hotel gewohnt. Das hat mir nicht gefallen, weil es laut war.

Hilfe

Hat es dir gefallen?
Das hat mir gefallen, weil es schön war.
Das hat mir ziemlich gut/sehr gut gefallen, weil es groß war.
Das hat mir nicht gefallen, weil es laut war.
Das hat mir gar nicht gefallen, weil es schmutzig war.

Wiederholung *in einem/einer …*

m. Ich habe in einem Wohnwagen gewohnt.

f.   Ich habe in einer Ferienwohnung gewohnt.

n. Ich habe in einem Hotel gewohnt.

3a Wo haben diese Jugendlichen gewohnt (1–5)?
Hat es ihnen gefallen? Warum/Warum nicht?
Hör gut zu und füll die Tabelle aus.

Wo haben sie gewohnt?	Gefallen?	Warum/Warum nicht?
1		
2		

3b Schreib die Resultate als Sätze auf.

Beispiel: 1 Ich habe bei einer Gastfamilie
gewohnt. Das hat mir gefallen,
weil die Gastfamilie sehr nett war.

3c Mach Dialoge mit deinem/deiner Partner/in.

Beispiel: A Wo hast du in den Ferien gewohnt?
B Ich habe in einem Hotel gewohnt.
A Hat es dir gefallen?
B Ja, weil es groß und modern war.

Lerntipp

Sentences in German
Some phrases in German look very different to the
English. This means that you can't translate them word for
word – if you look up all the words separately, the phrase
won't make sense. Some examples are:

es gibt	*there is/there are (literally: it gives)*
es tut mir weh	*it hurts (literally: it pains me)*
es hat mir gefallen	*I liked it (literally: it pleased me)*

1 Wie heißt das auf Englisch?

  1 Mein Bauch tut weh.

  2 Es gibt ein tolles Theater in der Stadtmitte.

  3 Der Zug hat mir gut gefallen.

  4 Das Wetter hat mir nicht gefallen.

■ **Ziel**

A Schreib Wörter für die Bilder.

1 Ich habe gewohnt.

2 Ich habe gewohnt.

3 Ich habe gewohnt.

B Schreib Sätze mit den Bildern.

a b c

C Wohin bist du in den Ferien gefahren?
Wo hast du gewohnt? Wie war ... ? Zeichne
alles oder finde Fotos. Schreib dann ein
,Ferientagebuch'.

4.4 | Meine Ferien waren prima!

- Describe your holiday in more detail
- Give your opinion about your holiday

▶ Los geht's!

Mach ein Spinnendiagramm zum Thema ‚Meinungen'.

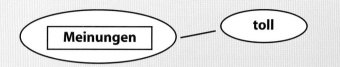

Meinungen — **toll**

1a Lies die Texte und füll die Tabelle aus.

	Kathi	Cedi
Wohin?		
Wie?		
Mit wem?		
Wie lange?		
Wo gewohnt?		
Aktivitäten?		
Meinung?		

Cedi

In den Ferien bin ich in die Türkei geflogen und habe meine Großeltern besucht. Mein Vater ist zwei Wochen geblieben, aber meine Mutter, mein Bruder und ich sind vier Wochen geblieben.

Meine Großeltern wohnen an der Küste. Das ist toll! Ich bin oft zum Strand gegangen und bin geschwommen, oder ich habe mit meinem Bruder Fußball gespielt. Das Wetter in der Türkei hat mir gefallen, weil es sehr warm und sonnig war.

Das Essen in der Türkei ist auch lecker. Meine Oma hat türkische Spezialitäten gekocht. Mein Lieblingsessen war Lamm mit Soße.

Wir haben einen Ausflug nach Istanbul gemacht. Das hat mir sehr gut gefallen, weil Istanbul sehr schön ist. Wir haben Sehenswürdigkeiten wie die Blaue Moschee besichtigt und ich habe auf dem Markt viele Souvenirs und Postkarten gekauft.

Meine Ferien in der Türkei waren fantastisch! Der Ausflug nach Istanbul hat mir am besten gefallen, weil es sehr interessant war.

Kathi

In den Ferien bin ich nach Köln gefahren. Ich bin eine Woche geblieben und ich habe bei meiner Tante und meiner Cousine Tanja gewohnt. Sie wohnen in einer Wohnsiedlung und wir sind mit dem Bus in die Stadt gefahren.

Köln hat mir gefallen, weil es sehr interessant ist. Wir sind einkaufen gegangen und ich habe eine neue Bluse gekauft. Wir haben auch den Dom und das Museum besucht. Der Dom hat mir gefallen, weil er sehr schön ist, aber das Museum war ein bisschen langweilig.

Abends bin ich mit Tanja in den Jugendklub oder in die Disco gegangen, das war prima! Am letzten Tag sind wir zum Freizeitpark Phantasialand gefahren. Phantasialand hat mir am besten gefallen, weil es sehr lustig war.

1b Lies die Texte noch einmal und finde diese Wörter auf Deutsch.

1 at the seaside
2 lamb
3 I liked the trip to Istanbul best.
4 housing estate
5 blouse
6 it was lots of fun

1c Was haben Cedi und Kathi gemacht?

Beispiel: Cedi – a, …

1d Beantworte die Fragen auf Deutsch.

1 Wie lange ist Cedi in der Türkei geblieben?
2 Wo wohnen Cedis Großeltern?
3 Wie ist das Essen in der Türkei?
4 Was hat Cedi am besten gefallen?
5 Wo wohnt Kathis Tante?
6 Wie ist sie in die Stadt gefahren?
7 Wie war das Museum?
8 Was hat Kathi am besten gefallen?

2a Übe mit deinem Partner/deiner Partnerin.

A Wie war das Hotel?
B Das Hotel hat mir gefallen, weil es groß war.
A Wie war das Wetter?
B Das Wetter hat mir gefallen, weil es sonnig war.
A Wie war das Essen?
B Das Essen …

2b Schreib deine Antworten für Übung 2a auf.

 Lerntipp

Writing a longer description

Say when (*am Samstag, um zwei Uhr*).
Say where (*in der Stadt, am Strand*).
Use connectives (*und, aber, dann, weil, denn*).
Give your opinion (*es war prima, das hat mir gefallen*).

1 Was hat dir in den Ferien gefallen und nicht gefallen? Schreib vier Sätze.

2 Beantworte die Fragen auf Deutsch.
 1 Wohin bist du in den Ferien gefahren?
 2 Wie lange bist du geblieben?
 3 Wo hast du gewohnt?
 4 Was hast du gemacht?
 5 Was hat dir gefallen und nicht gefallen?

■ **Ziel**

A Schreib Sätze mit diesen Verben:
geblieben gemacht gegessen gefahren

B Übersetze ins Deutsche:
 1 We went on an excursion.
 2 We went shopping.
 3 I liked the museum because it was interesting.

C Schreib einen Artikel über deine Ferien und sag deine Meinung. Verwende das Präsens, das Perfekt und das Imperfekt.

Cedi: Steffi und du – was habt ihr zusammen gemacht?

Markus: Zuerst sind wir ins Eiscafé gegangen und haben Eis gegessen und Cola getrunken. Danach haben wir einen Film im Kino gesehen. Und dann sind wir in die Disco gegangen. Wir haben viel getanzt. Es war super – Steffi ist sehr sympathisch.

Markus und Jana sind nicht mehr Freunde … und Kathi und ich haben kein Geld. Vielleicht fährt niemand nach Berlin!

Und hier ist Jana … aber wer ist das?

Cedi:	Markus und Jana haben immer noch Probleme.
Kathi:	Und wir haben immer noch kein Geld. Wir gehen in die Stadt und suchen einen Job.
Cedi:	Ja, ich suche was in einem Imbiss.
Kathi:	Und ich im Einkaufszentrum.

Keine Jobs! Ich habe Durst – ich möchte etwas trinken.

Aber wo ist meine Geldbörse? Ich finde sie nicht!

1 Hör gut zu und lies mit.

2 Finde die Vokabeln im Text.

   1 a snack bar
   2 in the shopping centre
   3 I'm thirsty.
   4 I'd like something to drink.
   5 purse

3 Was passt zusammen?

Markus und Steffi sind Jana und Cedi haben	sympathisch. in die Disco gegangen.
Cedi sucht einen Job Markus findet Steffi sehr Im Einkaufszentrum will Kathi Kathi kann ihre Geldbörse	etwas trinken. im Imbiss. nicht finden. kein Geld.

Lese-Spaß!

Traumferien

1 Traumferien – wer war wo? Lies die Sprechblasen und finde die passenden Fotos für die Personen.

Ich bin im Deutschland geblieben – aber es war nie langweilig! Am Wochenende habe ich in einem Zelt gewohnt – mit meiner Freundin Cora. Das war in einem Dorf im Süden. Ich habe viele Popbands gesehen und ich habe viele Fotos gemacht! Aber das Wetter war schlecht: Es hat geregnet, und es war sehr windig. Das Wetter hat mir nicht gefallen, aber die Ferien waren toll.

Wir sind im Winter in Urlaub gefahren – im Januar. Es hat jeden Tag geschneit, und es war sehr kalt. Wir sind Ski gefahren und ich bin auch Snowboard gefahren – super! Wir haben auch einen Ausflug gemacht. Mittags haben wir Fondue gegessen und Tee getrunken. Das Skifahren hat mir sehr gut gefallen.

Die Ferien waren super! Das Wetter in Spanien war toll – es hat nie geregnet, und es war nie kalt! Ich bin jeden Tag zum Strand gefahren. Mittags habe ich Paella gegessen und Apfelsaft getrunken. Und abends Abends war es sehr laut, und ich hab bis Mitternacht getanzt! Die Ferien haben mir gut gefallen.

Anna

Stefan

Anke

2 Wer ...
1 hat einen Ausflug gemacht?
2 hat getanzt?
3 hat schlechtes Wetter gehabt?
4 hat gutes Wetter gehabt?
5 hat Fondue gegessen?
6 ist zu Hause geblieben?
7 ist spät ins Bett gegangen?

Grammatik

The perfect tense

1 Schreib die Sätze zu Ende.

1 Ich bin nach Spanien _____ .

2 Wir sind mit dem Auto nach Frankreich _____ .

3 Ich habe einen Ausflug _____ .

4 Susi hat die Sehenswürdigkeiten _____ .

5 Was hast du in den Ferien _____ ?

6 Ich habe in einer Ferienwohnung _____ .

gefahren	gemacht	gewohnt
besichtigt	geflogen	gemacht

2 Füll die Lücken aus.

1 Ich _____ zum Strand gefahren.

2 Wir _____ geschwommen.

3 Erich _____ Souvenirs gekauft.

4 Susi und Axel _____ ihre Großeltern besucht.

5 _____ du in die Disco gegangen?

6 _____ ihr einen Ausflug gemacht?

7 Wir _____ zehn Tage geblieben.

haben	hat	bist	bin
sind	habt	sind	

weil

4 Verbinde die Sätze mit *weil*.

Beispiel: Das Museum hat mir gefallen, weil es interessant war.

1 Das Museum hat mir gefallen. Es war interessant.

2 Das Wetter hat mir nicht gefallen. Es war kalt.

3 Die Ferienwohnung hat mir nicht gefallen. Sie war schmutzig.

4 Das Essen hat mir gefallen. Es war lecker.

5 Der Wohnwagen hat mir nicht gefallen. Er war klein.

6 Der Freizeitpark hat mir gefallen. Er war aufregend.

3 Schreib Sätze.

Beispiel: Wir haben Fußball gespielt.

1 Wir +

2 Er +

3 Ich +

4 Wir +

5 Thomas und Sarah +

6 Meine Mutter +

4 | Kannst du ...

⭐ say where you went on holiday and ask others?
Wohin bist du gefahren? Ich bin nach Frankreich gefahren.

⭐ say how you travelled and ask others?
Wie bist du gefahren? Ich bin mit dem Auto gefahren. Ich bin geflogen.

⭐ say how long you stayed and ask others?
Wie lange bist du geblieben? Ich bin eine Woche geblieben.

⭐ ask where someone stayed on holiday and say where you stayed?
Wo hast du gewohnt? Ich habe in einem Zelt gewohnt.

⭐ say if you liked where you stayed and why?
Das Hotel hat mir gefallen, weil es schön war.

⭐ say what you did during your holidays?
Ich habe die Sehenswürdigkeiten besichtigt.

⭐ ask others what they did in the holidays?
Was hast du in den Ferien gemacht?

⭐ say what you liked and didn't like and why?
Der Ausflug hat mir gefallen, weil er interessant war.

⭐ say what you liked best and why?
Das Essen hat mir am besten gefallen, weil es lecker war.

Du bist dran!

1 Beschreib deine Traumferien!

a Wo warst du? Finde Fotos oder zeichne alles.

b Was hast du gemacht? Schreib ein Tagebuch.
   Beispiel: Montagmorgen: Ich habe einen Ausflug gemacht.

c Wo hast du gewohnt – und wie war es? Schreib zwei oder drei Sätze.

d Was hast du gegessen und getrunken? Schreib einen ‚Essen und Trinken'-Plan.
   Beispiel: Samstag: Curry (Hähnchen, Gemüse, Reis) Kuchen und Tee

e Wie war das Wetter? Schreib und zeichne einen Wetterbericht.

f Finde . Nimm die Informationen auf Kassette auf.

4 | Vokabular

Wohin bist du in den Ferien gefahren? | *Where did you go in the holidays?*

Ich bin nach Frankreich gefahren. | *I went to France.*

Wir sind nach Spanien geflogen. | *We flew to Spain.*

Wie lange bist du geblieben? | *How long did you stay?*

Ich bin eine Woche/ zwei Wochen/ einen Monat geblieben. | *I stayed a week/ two weeks/ a month.*

Wie bist du gefahren? | *How did you travel?*

Ich bin mit dem Auto/ mit dem Schiff/mit dem Zug gefahren. | *I travelled by car/by boat/by train.*

Ich bin geflogen. | *I flew.*

Wo hast du gewohnt? | *Where did you stay?*

Ich habe ... gewohnt. | *I stayed …*
in einem Hotel | *in a hotel*
in einem Wohnwagen | *in a caravan*
in einem Wohnmobil | *in a camper van*
in einem Zelt | *in a tent*
in einer Ferienwohnung | *in a holiday apartment*
in einer Jugendherberge | *in a youth hostel*
in einer Wohnsiedlung | *on a housing estate*
bei einer Gastfamilie | *with a host family*
bei Freunden | *with friends*
an der Küste | *at the seaside*
Es hat mir gefallen. | *I liked it.*
Es hat mir sehr gut gefallen. | *I liked it a lot.*
Es hat mir ziemlich gut gefallen. | *I liked it quite a lot.*
Es hat mir nicht gefallen. | *I didn't like it.*
Es hat mir überhaupt/ gar nicht gefallen. | *I didn't like it at all.*

Was hast du in den Ferien gemacht? | *What did you do in the holidays?*

Ich habe Tennis gespielt. | *I played tennis.*
Ich habe eine Ausflug gemacht. | *I went on an excursion.*
Ich habe Souvenirs gekauft. | *I bought souvenirs.*
Ich habe die Sehenswürdigkeiten besichtigt. | *I visited the sights.*
Ich habe meine Großeltern besucht. | *I visited my grandparents.*
Ich habe Eis gegessen. | *I ate ice-cream.*
Ich habe Limonade getrunken. | *I drank lemonade.*
Ich bin in die Disco gegangen. | *I went to the disco.*
Ich bin ins Museum gegangen. | *I went to the museum.*
Ich bin in den Freizeitpark gegangen. | *I went to the theme/ leisure park.*
Ich bin zum Strand gegangen. | *I went to the beach.*
Ich bin geschwommen. | *I went swimming.*
Ich bin in den Jugendklub gegangen. | *I went to the youth club.*

Wie waren die Ferien? | *How were the holidays?*

Der Ausflug hat mir am besten gefallen, weil er interessant war. | *I liked the excursion the best because it was interesting.*
Das war prima. | *That was great.*
Das war sehr lustig. | *That was great fun.*

5.1 | Was kostet eine Fahrkarte?

- Ask for information at the train/bus station
- Say when the next train/bus is leaving
- Buy a train/bus ticket

> ### Los geht's!

A Wohin fährst du mit dem Bus? Finde sechs Wörter.

| **1** Sc_w_m_b_d | **2** D_ _c_ | **3** B_h_ _o_ | **4** P_ _t | **5** Sp_ _tz_ _t_u_ | **6** K_rc_ _ |

B *Zum* oder *zur*? Schreib die passenden Präpositionen für A auf.
Beispiel: *1 zum*

1a Liesel und Claudia fahren nach Hollfeld. Hör gut zu und lies mit.

Nehmen Sie die Linie 11.

Wie komme ich am besten zum Rathaus, bitte?

Wann fährt der nächste Bus?

In 10 Minuten.

Was kostet eine Fahrkarte nach Bayreuth, bitte?

4 Euro 50.

Welche Linie fährt zur Stadtmitte?

Linie 6.

Zweimal zum Marktplatz, bitte.

Einfach oder hin und zurück?

Hin und zurück, bitte.

1b Hör noch einmal gut zu und beantworte die Fragen.
1. Wohin will der Mann fahren?
2. Welche Linie soll er nehmen?
3. Was kauft die Frau?
4. Wohin wollen Liesel und Claudia fahren?
5. Welche Linie sollen sie nehmen?
6. Was kaufen sie?

Hilfe

Wie komme ich am besten zum Rathaus/zur Stadtmitte? Nehmen Sie die Linie 11.

Welche Linie fährt zur Post/zum Schwimmbad? Linie 3.

Wann fährt der nächste Bus? In … Minuten.

Einmal/Zweimal zum Markt/zur Stadtmitte, bitte.

Einfach? Hin und zurück? Ja./Nein, einfach.

Was kostet eine Fahrkarte nach …?

Was kosten zwei Fahrkarten nach …?

5 Wir fahren in die Stadt

2 Partnerarbeit. Im Busbahnhof. Macht Dialoge mit den Informationen.

Beispiel:
A Welche Linie fährt zum Park, bitte?
B Linie 8.

Hilfe

Erster Klasse oder zweiter Klasse?
Fährt der Zug direkt? Ja, der Zug fährt direkt.
Muss ich umsteigen?
Ja, du musst/Sie müssen in Ulm umsteigen.
Von welchem Gleis? Von Gleis 8.
Wann kommt er an? Um 19 Uhr 13.

a

b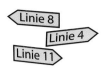

c

d

e

f

 3 Hör gut zu (Dialoge 1–3) und füll die Tabelle aus.

Beispiel:

	Wie viele Personen?	Klasse?	Einfach/Hin und zurück?	Wie viel kostet es?	Direkt/ Umsteigen?	Abfahrt?	Ankunft?	Gleis?
1	1	2	einfach	€85	Umsteigen in Ulm	12 Uhr 41	19 Uhr 13	8
2								
3								

 4 Partnerarbeit. Macht Dialoge mit den Bildern. **A** ist Beamter/Beamtin. **B** kauft eine Fahrkarte.

Beispiel: *A Guten Tag. Ich möchte zwei Fahrkarten nach Berlin.*
B Einfach oder hin und zurück?

a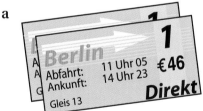

b

■ **Ziel**

A Partnerarbeit. Im Busbahnhof: **A** und **B** malen/schreiben Informationen so wie in Übung 2 und machen dann damit Dialoge.

B Hör noch einmal zu und mach Notizen für die Dialoge (1–3) in Übung 3 oben.

> Fahrkarte? Wohin? Welche Klasse? Kostet? Wann?

C Du fährst mit dem Zug in die Stadt. Wie fährst du? Beantworte die Fragen.

• Welche Fahrkarte?
• Was kostet eine Fahrkarte?
• Von welchem Gleis?
• Fährt der Zug direkt?
• Wann kommt er an?

5.2 Wie komme ich am besten zur Apotheke, bitte?

- Ask for directions
- Give directions

> ## Los geht's!

Du kaufst ein. Was passt nicht – und warum nicht?

1	**a** Shampoo	**b** Zahnpasta	**c** Computerspiel	**d** Make-up
2	**a** Bleistift	**b** Gitarre	**c** Füller	**d** Anspitzer
3	**a** Halstabletten	**b** Asthma-Spray	**c** Süßigkeiten	**d** Ohrentropfen
4	**a** Fußball	**b** Bananen	**c** Schinken	**d** Jogurt

LESEN 1a Lies die Wörter laut. Wie heißen die Geschäfte auf Englisch?

1 das Kaufhaus

2 die Apotheke

3 das Lebensmittel-geschäft

4 die Drogerie

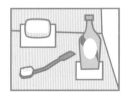

5 der Schreibwarenladen

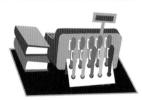

6 das Modegeschäft

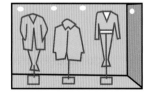

LESEN 1b Lies noch einmal die Wörter in **Los geht's!** und sieh dir Übung 1a an. Was kaufst du wo?

Beispiel: Shampoo *die Drogerie*

LESEN 2a Lies den Dialog und füll die Lücken aus.

Ich brauche Filzstifte!

Ja, und ich brauche Zahnpasta und Seife!

Also, du musst zur _____ gehen – und ich? Ich muss zum _____ gehen!

Entschuldigung! Wo ist der _____ , bitte?

Nimm die erste Straße rechts und geh dann geradeaus.

Entschuldigung! Wie komme ich zur Apotheke, bitte?

Gehen Sie geradeaus und nehmen Sie dann die zweite Straße links.

HÖREN 2b Ist alles richtig? Hör gut zu.

3 Hör gut zu und finde die passenden Bilder.

Beispiel: 1 a, e

a ⬆ geradeaus

b ⬅ links

c ➡ rechts

d die erste Straße links

e die zweite Straße rechts

f die dritte Straße links

g an der Ampel

h an der Kreuzung

4a Sara ist in der Stadt. Wohin geht sie? Hör gut zu und finde die passenden Bilder.

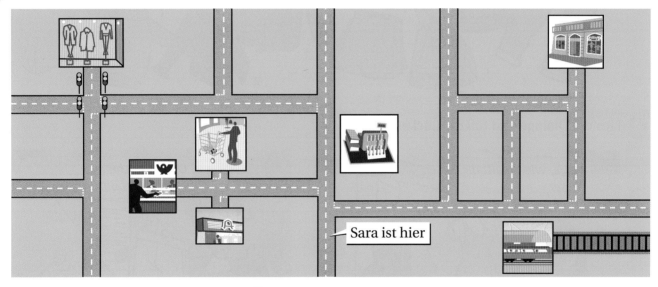

Sara ist hier

4b Ist alles richtig? Hör gut zu.

5 Partnerarbeit. Macht weitere Dialoge für die anderen Bilder.

Beispiel: A Wo ist das Lebensmittelgeschäft, bitte?
B Geh geradeaus und nimm dann …

Hilfe

Ich brauche …
Entschuldigung! Wo ist …?
Wie komme ich zum/zur …?

Wiederholung zum/zur

	m.	f.	n.
Wie komme ich … ?	zum Bahnhof	zur Bank	zum Hallenbad

■ **Ziel**

A Was passt?
1 Wie komme ich a geradeaus.
2 Wo ist b Shampoo und Make-up.
3 Gehen Sie c der Ampel rechts.
4 Nimm die d zum Modegeschäft?
5 Geh an e erste Straße links.
6 Ich brauche f die Drogerie?

B Du bist in der Schule. Dein Partner/Deine Partnerin fragt: „Wie komme ich zur Bushaltestelle/zum Bahnhof/zum Park?" Dann ist dein Partner/deine Partnerin dran.

C Dein Brieffreund/deine Brieffreundin sagt: „Ich bin an der Bushaltestelle/am Bahnhof/im Park. Wie komme ich zur Schule?"

- Describe clothes
- Ask and give opinions on clothes

▶ **Los geht's!**

A Lies die Wörter laut.
B Finde die passenden Bilder.
C Ist alles richtig? Hör gut zu.

eine Bluse	ein Hemd	eine Hose	eine Jacke
eine Jeans	ein Kleid	ein Pullover	ein Rock
	Schuhe	ein T-Shirt	

1a Lies die Dialoge und füll die Lücken aus.

Katja, wie gefällt dir dieser _____?

Er gefällt mir gar nicht, Stefanie. Aber wie gefallen dir diese _____? Sie gefallen mir sehr gut.

Uwe, welche _____ gefällt dir?

Diese _____, Matthias! Und welches _____ gefällt dir?

1b Ist alles richtig? Hör gut zu.

1c Wer sagt was? Schreib die passenden Namen auf.

1 „Dieser Rock ist nicht schön."
2 „Diese Hose ist schön."
3 „Diese Schuhe sind sehr schön."

Hilfe

Wie gefällt dir dieser/diese/dieses ... ?
Welcher/Welche/Welches ... gefällt dir?
Er/Sie/Es gefällt mir gut.
Er/Sie/Es gefällt mir gar nicht.

Wie gefallen dir diese ... ?
Welche ... gefallen dir?
Sie gefallen mir nicht so gut.

2a Hör gut zu. Was sagen Leonie und Ingo – wie finden sie die Kleidung? Kopiere die Tabelle und schreib ✔ (gefällt mir) oder ✗ (gefällt mir nicht).

	Hemd	Hose	Jacke	Jeans	Pullover	Rock	Schuhe	T-Shirt
Leonie								
Ingo								✗

2b Partnerarbeit. Macht Dialoge für Leonie und Ingo.

Beispiel:
Leonie *Wie gefällt dir dieses T-Shirt?*
Ingo   *Es gefällt mir nicht so gut.*

Grammatik im Fokus / dieser ... /welcher ...?

➡ 161

	this/that ...	which ... ?
Maskulinum	dieser Pullover	welcher Pullover?
Femininum	diese Bluse	welche Bluse?
Neutrum	dieses Hemd	welches Hemd?
Plural	diese Schuhe	welche Schuhe?

1 Füll die Lücken mit *dieser, diese* und *dieses* aus.

1 _____ Jeans ist super!
2 _____ Pullover kostet 25 Euro.
3 _____ Schuhe sind toll!
4 _____ Hemd ist sehr teuer.
5 _____ Jacke ist nicht schön.
6 _____ Röcke sind sehr modern.
7 _____ T-Shirt ist ziemlich billig.
8 _____ Rucksack kostet 30 Euro.

2 Schreib Fragen mit *welcher, welche* und *welches* für die Sätze in Übung 1.

Beispiel: 1 Welche Jeans ist super?

■ Ziel

A Ratespiel – was ist das? Macht Dialoge.

Beispiel: A Eine J_____ .
B Eine Jacke!
A Nein, eine Je_____ .

C Mach ein Poster mit deiner Lieblingskleidung. Tausch dein Poster mit deinem Partner/deiner Partnerin. Wie gefällt dir seine/ihre Lieblingskleidung? Schreib Sätze.

Beispiel: Diese Jeans gefällt mir. Aber diese _____ gefällt mir nicht. Und ...

B Im Kaufhaus. Macht Dialoge mit den Informationen.

Beispiel: A Welche Hose gefällt dir?
B Diese Hose in Grün.

5.4 | Im Fundbüro

■ Ask if you can help someone
■ Say what you have lost
■ Ask and say what it is like
■ Say you're sorry

▶ **Los geht's!**

A Thomas ist im Fundbüro. Hör gut zu und lies mit.

> **Beamter:** Guten Morgen. Kann ich dir helfen?
> **Thomas:** Ja, bitte. Ich habe meine Brieftasche verloren.
> **Beamter:** Oh, das tut mir Leid. Wie sieht sie aus?
> **Thomas:** Sie ist schwarz und aus Leder.

B Finde im Dialog:

1 I'm sorry	2 (made) of leather	3 Can I help you?	4 my wallet

1a Was haben sie verloren? Hör gut zu und finde die passenden Bilder.

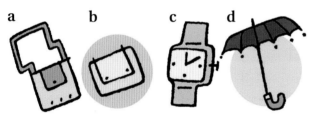

die Tasche   die Geldbörse/   die Uhr   der Schirm
die Brieftasche

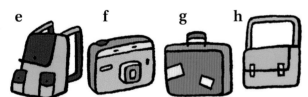

der   der   der   die
Rucksack   Fotoapparat   Koffer   Schultasche

der Füller   das Buch   das T-Shirt

1b Partnerarbeit. Was hast du verloren?
A ist Beamter/Beamtin, B wählt ein Bild von Übung 1a.

Beispiel:
A Guten Morgen. Kann ich dir helfen?
B Ja, bitte. Ich habe meine Tasche verloren.

Grammatik im Fokus — mein + accusative ➡ 160

m.	Ich habe **meinen** Rucksack verloren.
f.	Ich habe **meine** Geldbörse verloren.
n.	Ich habe mein Buch verloren.

1 Was hast du verloren? Füll die Lücken aus.

Beispiel:
1 Ich habe meinen Koffer verloren.

1 Ich habe _____ Koffer verloren.
2 Ich habe _____ T-Shirt verloren.
3 Ich habe _____ Schirm verloren.
4 Ich habe _____ Tasche verloren.
5 Ich habe _____ Buch verloren.
6 Ich habe _____ Uhr verloren.

Hör gut zu und finde die passenden Bilder.

Er ist blau und aus Stoff.   *Sie ist grün und aus Leder.*   *Es ist silber und aus Plastik.*

 Partnerarbeit. Herr Hilflos hat alles verloren! Macht Dialoge. **A** ist der Beamte/die Beamtin im Fundbüro, und **B** ist Herr Hilflos.

Beispiel:
A Guten Tag. Kann ich Ihnen helfen?
B Ja, ich habe meinen Schirm verloren.
A Das tut mir Leid. Wie sieht er aus?
B Er ist rot und weiß und er ist aus Plastik.
A Ähm ... ja, hier bitte!

Wiederholung   Pronomen

m.   Ich habe meinen Koffer verloren.
    Er ist schwarz und aus Leder.

f.   Ich habe meine Geldbörse verloren.
    Sie ist grün und aus Stoff.

n.   Ich habe mein T-Shirt verloren.
    Es ist rot und blau.

4   Wie sieht alles in deiner Schultasche aus? Schreib Sätze.

Beispiel: Meine Federmäppchen: Es ist blau und aus Stoff.

■ Ziel

A   Was hast du verloren? **A** beginnt, **B** antwortet. Dann ist **A** dran.

   Beispiel: *A Mein Koffer!*
            B Ich habe meinen Koffer verloren.
            A Braun!
            B Er ist braun.

B   Mach einen Fundbüro-Rap!

   Beispiel: *Ich hab meinen Schirm verloren.*
            Er ist schwarz – ja, schwarz und schön!
            Ich hab meine Tasche verloren.
            Sie ist teuer – oh, so teuer!

C   Du hast in den Ferien deinen Koffer verloren. Schreib einen Brief an das Fundbüro.

   • Was hast du verloren?

   • Wie sieht er/sie/es aus?

Kathi: Cedi, ich habe meine Geldbörse verloren!
Cedi: O nein, Kathi! Das tut mir Leid. Also, wir müssen zum Fundbüro gehen. Wir treffen uns am Supermarkt in der Maistraße.
Kathi: Wie komme ich zum Supermarkt?
Cedi: Geh geradeaus bis zur Ampel. Geh dann links und dann die zweite Straße rechts.

Beamter: Kann ich dir helfen?
Kathi: Ja, ich habe meine Geldbörse verloren.
Beamter: Und wo hast du sie verloren?
Kathi: Im Einkaufszentrum in der Stadtmitte.
Beamter: Wie sieht sie aus?
Kathi: Sie ist lila und weiß …
Cedi: Ja, und sie ist aus Plastik.

Beamter: … aus Plastik …
Cedi: Steffi! Was machst du denn hier? Was hast du verloren?
Kathi: Steffi? Aber – das ist ja meine Geldbörse!

Steffi: Ich bin auch zum Einkaufszentrum gegangen – und ich habe dich gesehen, Kathi! Du hast etwas verloren – vor der Apotheke. Ich habe deine Geldbörse gefunden – aber du bist ins Einkaufszentrum gegangen und ich habe dich nicht gefunden!

Kathi: Vielen Dank, Steffi! Du bist total nett!
Steffi: Kein Problem – ich helfe gern!
Kathi: Du, Steffi, wir wollen heute Abend ins Café am Markt gehen. Kommst du mit? Wir treffen uns um 19 Uhr an der Post. Markus kommt auch!

Steffi: Markus? Wer ist Markus?

1 Was meinst du? Vor dem Lesen: Rate!

1 Kathi	**a** ist lustig.	**b** hat ein Problem.
2 Cedi	**a** hilft Kathi.	**b** ist frech.
3 Steffi	**a** mag Kathi nicht.	**b** hilft Kathi.
4 Kathi und Steffi	**a** sind jetzt Freundinnen.	**b** streiten sich.

2 Hör gut zu und lies mit.

3 Wie heißt das auf Deutsch?

1 something
2 I found
3 Are you coming with us?

4 Wer …

1 hat etwas verloren?
2 geht zum Fundbüro?
3 hat etwas gefunden?
4 will ins Café gehen?
5 kennt Markus nicht?

Lese-Spaß!

Mein Bayreuth

Saskia Zimmermann (15) wohnt in Bayreuth. Heute stellt sie euch ihre Stadt vor!

Hallo – und willkommen in Bayreuth! Bayreuth ist im Süden Deutschlands – in Bayern. Die Stadt hat 75 000 Einwohner und ist über 1000 Jahre alt. In Bayreuth und um Bayreuth herum gibt es viel Natur. Am Wochenende mache ich mit meiner Familie oft einen Ausflug ins Fichtelgebirge. Dort kann man wandern und Rad fahren – und im Sommer in den Bergseen schwimmen!

Bayreuth ist eine tolle Stadt für Jugendliche! Hier gibt es viele Jugendzentren und Vereine für Jugendliche. Ich gehe nachmittags oft zum Jugendtreffpunkt Merianerweg. Das ist ein großer Abenteuerspielplatz für Kinder und Jugendliche. Dort kann ich mit meinen Freundinnen Tischtennis spielen und im

Garten grillen. Und wenn es regnet, kann man in der Spielhütte Tischfußball oder Billard spielen. Im Jugendzentrum in der Stadtmitte gibt es jede Woche Konzerte, Discos und Theater. Aber am liebsten gehe ich ins Jugendcafé Babylon, weil man da junge Bayreuther aus verschiedenen Ländern treffen kann.

In Bayreuth gibt es 26 Museen! Mein Lieblings-museum ist das Urwelt-Museum. Dort gibt es Dinosaurier und andere Tiere aus der Eiszeit. Man kann auch einen Info-PC benutzen und damit die Natur vor 500 Millionen Jahren besichtigen: damals war Bayreuth ein Dschungel mit Vulkanen und Eisgletschern!

1 Ratespiel – wie heißen diese Wörter im Text auf Englisch?

1 die Natur
2 Tischtennis
3 grillen
4 Billard
5 der Dinosaurier
6 500 Millionen
7 der Dschungel
8 die Vulkane

2 Lies den Artikel und finde auf Deutsch:

1 around Bayreuth
2 mountain lake
3 clubs
4 adventure playground
5 play huts
6 from various countries
7 ice age
8 glacier ice

3 Beantworte die Fragen auf Deutsch.

1 Wo und wie ist Bayreuth?
2 Was macht Saskia am Samstag und Sonntag?
3 Wohin können Jugendliche in Bayreuth gehen?
4 Was macht Saskia am Nachmittag?
5 Was können Jugendliche in der Stadtmitte machen?
6 Wie viele Museen hat die Stadt?
7 Welches Museum besucht Saskia am liebsten?
8 Was kann man dort machen?

Grammatik

zum/zur

1 Füll die Lücken aus.

1 Wie komme ich am besten ___ Stadtmitte?
2 Zweimal ___ Jugendzentrum, bitte.
3 Welche Linie fährt ___ Bahnhof?
4 Fährt dieser Bus ___ Post?
5 Wie komme ich am besten ___ Kino?
6 Dieser Zug fährt nicht ___ Stadtzentrum.

2 *zum* oder *zur*? Füll die Lücken aus.

1 Wie komme ich _____ Park?
2 Wie komme ich _____ Disco?
3 Wie komme ich _____ Theater?
4 Wie komme ich _____ Post?
5 Wie komme ich _____ Supermarkt?
6 Wie komme ich _____ Schloss?

3 Partnerarbeit. Du bist in der Schule. **A** fragt: „Wie komme ich zum/zur … ?"; **B** antwortet. Dann ist **B** dran.

welcher/welche/welches

4 Füll die Lücken mit *welcher …*, *welche …* und *welches …* aus.

Beispiel: 1 Welcher Pullover gefällt dir?

1 _____ gefällt dir?

4 _____ ist nicht schön?

2 _____ kostet 30 Euro?

5 _____ ist zu klein?

3 _____ gefallen dir?

6 _____ ist zu teuer?

mein + accusative

5 Was hast du alles verloren? Schreib Sätze für die Bilder.

Beispiel: Ich habe mein… … verloren.

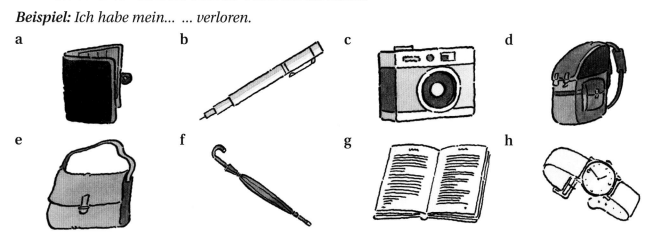

⭐ ask for information at the train/bus station?
Wie komme ich am besten zum Rathaus?

⭐ say when the next train/bus is leaving?
Wann fährt der nächste Bus? In zehn Minuten.

⭐ buy a train/bus ticket?
Eine Fahrkarte nach ..., bitte. Einfach. Zweiter Klasse.

⭐ ask for directions?
Wie komme ich am besten zum Markt?

⭐ give directions?
Nimm die erste Straße links. Gehen Sie geradeaus.

⭐ ask and give opinions on clothes?
Wie gefällt dir dieser Rock? Diese Hose gefällt mir nicht.

⭐ ask if you can help someone?
Kann ich dir/Ihnen helfen?

⭐ say what you have lost?
Ich habe meinen Schirm verloren.

⭐ ask and say what it is like?
Wie sieht er aus? Sie ist silber und aus Plastik.

⭐ say you're sorry?
Das tut mir Leid.

Du bist dran!

1   Mach eine Werbebroschüre. Finde Fotos und sammle Informationen über deine Stadt.

• Wo ist die Kirche, der Bahnhof usw.?
• Ist das Kino neu, alt usw.?
• Wie kommt man am besten zum Park, zum Hallenbad usw.?
• Wie kommt man am besten in die Stadt?

2   Beschreib eine Stadttour und nimm alles auf Kassette auf.

> *Du bist hier am Rathaus. Geh geradeaus – dort ist die Kirche. Das ist eine sehr schöne Kirche. Nimm dann die erste Straße links und geh geradeaus: Dort ist der Park. Er ist groß und ...*

Oxford ...
eine schöne Stadt!

Man fährt am besten mit dem Bus in die Stadt!

Es gibt einen großen Park.

Wie komme ich am besten zum Rathaus/ zur Stadtmitte?
How do I get to the town hall/centre of town?

Nehmen Sie die Linie 11.
Take bus number 11.

Welche Linie fährt zur Post/zum Schwimmbad?
Which bus goes to the post office/swimming pool?

Linie 3.
Number 3.

Wann fährt der nächste Bus?
When does the next bus leave?

In … Minuten.
In … minutes.

Einmal/Zweimal zum Markt/zur Stadtmitte, bitte.
One/Two tickets to the market square/centre of town, please.

Einfach?
Single?

Hin und zurück?
Return?

Was kostet eine Fahrkarte nach …?
How much is a ticket to …?

Was kosten zwei Fahrkarten nach …?
How much are two tickets to …?

Erster Klasse oder zweiter Klasse?
First or second class?

Fährt der Zug direkt?
Is this a direct train?

Muss ich umsteigen?
Do I have to change?

Nein, der Zug fährt direkt.
No, this is a direct train.

Ja, du musst/Sie müssen in … umsteigen.
Yes, you have to change in …

Von welchem Gleis?
From which platform?

Von Gleis 8.
From platform 8.

Wann kommt er an?
When does the train arrive?

Um 19 Uhr 13.
At 19.13.

Ich brauche …
I need …

Entschuldigung! Wo ist …?
Excuse me! Where is …?

Wie komme ich zum/ zur …?
How do I get to …?

Geh/Gehen Sie … geradeaus/links/rechts.
Go … straight on/left/right.

Nimm/Nehmen Sie …
Take …

die erste Straße links/
the first road on the left/

die zweite Straße rechts/
the second road on the right/

die dritte Straße links/
the third road on the left/

an der Ampel/
at the lights/

an der Kreuzung.
at the crossroads.

Wie gefällt dir…
How do you like…

dieser Rock?
this skirt?

dieser Pullover?
this jumper?

diese Bluse?
this blouse?

diese Hose?
these trousers?

diese Jacke?
this jacket?

diese Jeans?
these jeans?

dieses Hemd?
this shirt?

dieses Kleid?
this dress?

dieses T-Shirt?
this T-shirt?

Wie gefallen dir diese Schuhe?
How do you like these shoes?

Dieses Hemd gefällt mir gut/nicht.
I like/don't like this shirt.

Diese Schuhe gefallen mir sehr/nicht so gut.
I like/don't like these shoes.

billig
cheap

teuer
expensive

altmodisch
old-fashioned

modern
modern, fashionable

Kann ich dir/Ihnen helfen?
Can I help you?

Ich habe … verloren.
I've lost my …

meinen Schirm/ Rucksack/ Fotoapparat/ Koffer/Füller/ Filzstift
umbrella/ rucksack/ camera/ suitcase/fountain pen felt-tip pen

meine Geldbörse/ Brieftasche/ Tasche/Schultasche
purse/ wallet/ bag/school bag/

mein Buch/T-Shirt Federmäppchen
book/T-shirt pencil case

Wie sieht er/sie/es aus?
What does it look like?

Er/Sie/Es ist …
It's …

schwarz
black

silber
silver

gold.
gold.

aus Leder/ Plastik/ Stoff.
made of leather/ plastic/ fabric.

Das tut mir Leid.
I'm sorry.

6.1 | Was lernst du gern?

- Say what subjects you like and dislike
- Compare different subjects

> ## Los geht's!

A Füll die Lücken aus und finde die passenden Bilder.

1 E _ _ k _ _ _ _

2 Ge _ _ _ _ _ _ _ e

3 _ _ th _

4 _ _ olo _ _ _

5 K _ _ _ _

6 _ _ _ ts _ _

7 _ _ _ nzö _ _ _ _ _

B Welche Schulfächer fehlen?

 1a Was lernen sie gern und nicht gern? Hör gut zu (1-4) und füll die Tabelle aus.

	😄	😞
1	*Geschichte, ...*	
2		
3		
4		

 1b Hör noch einmal zu. Welche Meinungen hörst du? Schreib sie auf.

2a Hör gut zu und lies mit. Finde die Adjektive.

2b Cedi, Jana, Markus oder Kathi? Wer ...

1 ... lernt gern Geschichte?
2 ... findet Naturwissenschaften nützlich?
3 ... liebt Erdkunde?
4 ... hat einen guten Geschichtslehrer?
5 ... findet Mathe schwierig?
6 ... findet Biologie nützlicher als Erdkunde?
7 ... findet Englisch einfacher als Französisch?
8 ... lernt gern Kunst?

Mein Lieblingsfach in der Schule ist Sport. Es ist interessanter und viel einfacher als Mathe und Geschichte. Ich lerne auch gern Englisch. Englisch ist nützlicher als Latein und nicht so schwierig wie Französisch.

Cedi

Ich lerne gern Geschichte. Geschichte ist interessanter als Erdkunde und einfacher als Religion. Mein Lehrer ist auch viel besser. Ich lerne auch gern Physik, aber es ist nicht so interessant wie Geschichte.

Markus

Ich hasse Physik. Physik ist komplizierter als Biologie und Chemie. Erdkunde ist viel einfacher und auch interessanter. Mathe ist mein Lieblingsfach. Ich lerne auch gern Kunst – Kunst ist kreativer als die anderen Fächer in der Schule.

Jana

Ich lerne gern Naturwissenschaften – Chemie, Physik und Biologie. Naturwissenschaften sind nützlicher als Erdkunde oder Geschichte. Ich lerne auch gern Deutsch und Englisch, aber Englisch ist schwieriger als Deutsch! Mein Englischlehrer ist aber viel freundlicher als mein Deutschlehrer.

Kathi

6 Wir gehen in die Schule

 **Making comparisons** ➡ 160

To make comparisons in German:
Englisch ist schwieriger als Deutsch.
English is harder than German.
Mathe ist nicht so kompliziert wie Physik.
Maths is not as complicated as physics.

A few adjectives are irregular:
gut ➡ *besser*
*Mein Mathelehrer ist **gut**.*
*Mein Mathelehrer ist **besser** als mein Sportlehrer.*

1 Welche Adjektive fehlen?

1 Mathe ist k_____ als Chemie.
2 Geschichte ist e_____ als Chemie.
3 Latein ist nicht so i_____ wie Deutsch.
4 Chemie ist b_____ als Biologie.
5 Kunst ist nicht so s_____ wie Englisch.

2 Schreib Sätze in beiden Formen.

Beispiel: Mathe ist interessanter als Deutsch.
Mathe ist nicht so interessant wie Deutsch.
1 Mathe/Deutsch/interessant
2 Englisch/Französisch/kompliziert
3 Latein/Erdkunde/nützlich
4 Geschichte/Religion/einfach
5 Informatik/Kunst/schwierig

Hilfe

einfach	➡	einfacher
schwierig	➡	schwieriger
kompliziert	➡	komplizierter
interessant	➡	interessanter
gut	➡	besser

Lerntipp

Giving opinions

There are lots of different ways to give your opinion in German:

- to say you like or dislike doing something, use *gern* and *nicht gern*:
  Ich lerne gern Geschichte. Er lernt nicht gern Englisch.

- to describe a noun, you can just use an adjective:
  Ich finde Geschichte interessant.

- you can compare different things:
  Ich finde Geschichte interessanter als Erdkunde.

- to give more complex opinions, you can use *weil*:
  Ich lerne gern Geschichte, weil es interessant ist.

 3a Übe mit einem Partner oder einer Partnerin.

Beispiel: A Wie findest du Deutsch?
B Deutsch ist interessanter als Erdkunde, aber schwieriger als Kunst.

3b Wie findest du die Schulfächer? Schreib Sätze und benutze den Komparativ.

■ **Ziel**

A Füll die Lücken mit einem passenden Komparativ aus.

1 Geschichte ist _____ als Informatik.
2 Kunst ist _____ als Musik.
3 Sport ist _____ als Französisch.
4 Deutsch ist nicht so _____ wie Physik.
5 Informatik ist nicht so _____ wie Kunst.

B Vergleiche diese Fächer.

a b c

C Was lernst du gern und nicht gern? Wie findest du die Fächer? Schreib einen kurzen Text wie in Übung 2a auf Seite 78.

- Describe what you wear to school
- Talk about some differences between schools in Britain and Germany

▶ **Los geht's!**

Ist das Deutschland (D) oder Großbritannien (GB)?

1 Die Schule fängt um 8 Uhr an.

2 Es gibt eine Uniform.

3 Kinder gehen mit sechs Jahren in die Schule.

4 Es gibt meistens eine Kantine in der Schule.

5 Die Schule hört um 15.30 Uhr auf.

6 Die Schule hört um 13.00 Uhr auf.

7 Es gibt viele Gesamtschulen.

8 Man kann sitzen bleiben.

 1a Hör gut zu und lies mit.

Gesamtschule	comprehensive school
sitzen bleiben	to stay back a year

1b Was trägt Kathis Brieffreundin in der Schule?

Kathi: Was lernst du, Cedi?
Cedi: Wir lernen über die Schule in Großbritannien. Es gibt eine Uniform. Schrecklich!
Kathi: Ja, ich habe eine Brieffreundin in England und sie trägt eine Uniform.
Cedi: Was trägt sie?
Kathi: Sie trägt einen grauen Rock, eine weiße Bluse, einen blauen Pullover und einen blauen Blazer. Und sie trägt auch einen blau-weiß gestreiften Schlips. Furchtbar!

2a Was tragen Jana, Cedi, Kathi und Markus in der Schule? Hör gut zu und wähl die passenden Bilder.
Beispiel: Jana: d, …

Grammatik im Fokus / *Ich trage einen/eine/ein + adjective* → 159

m.	Ich trage einen Rock.	➡	Ich trage einen **blauen** Rock.
f.	Ich trage eine Hose.	➡	Ich trage eine **schwarze** Hose.
n.	Ich trage ein Hemd.	➡	Ich trage ein **weißes** Hemd.

Achtung – keine Endung!

Ich trage einen lila/rosa Rock.

Ich trage eine lila/rosa Hose.

Ich trage ein lila/rosa T-Shirt.

1 Füll die Lücken aus.

a Ich trage eine weiß____ Bluse. Ich trage auch einen rot____ Schlips, einen grau___ Rock und eine schwarz____ Strumpfhose.

b Ich trage eine blau___ Jeans und ein rot___ T-Shirt. Ich trage auch ein gelb____ Hemd und einen schwarz___ Pullover.

2b Partnerarbeit. Was tragen die Jugendlichen in Übung 2a? Übe mit einem Partner/einer Partnerin.

Beispiel: A Ich trage weiße Turnschuhe.
B Du bist Jana.
A Richtig!

3 Lies die Sprechblasen. Was meinst du? Schreib Sätze.

Die Schule in Deutschland ist besser, weil es keine Schuluniform gibt.

Die Schule in Großbritannien ist besser, weil es eine Kantine gibt.

2c Was trägst du in der Schule? Zeichne deine Schuluniform und beschreib sie.

Hilfe

Ich trage	einen roten Pullover
	einen blauen Schlips
	einen kurzen Rock
	eine roten Trainingsanzug
	eine schwarze Jeans
	eine grüne Jacke
	eine gelbe Bluse
	eine weiße Strumpfhose
	eine braune Hose
	ein langes Kleid
	ein schwarzes Hemd
	blaue Socken
	schwarze Schuhe
	weiße Turnschuhe

■ Ziel

A Füll die Lücken aus.

Ich trage eine b_____ H_____, einen r_____ Pulli, eine g_____ Jacke und s_____ Schuhe.

C Beschreib deine Traumuniform für die Schule.

B Was trägt Hermann? Beschreib seine Kleidung.

6.3 | Das Schulzeugnis

- Understand German school reports
- Say how you will improve in different subjects

▶ **Los geht's!**

Lies Cedis Zeugnis. Richtig oder falsch?

1 Cedi ist gut in Biologie.
2 Cedi hat eine schlechte Note in Religion.
3 Cedi ist besser in Englisch als in Französisch.
4 Cedi ist besser in Erdkunde als in Geschichte.
5 Cedi ist schlechter in Sport als in Kunst.

Hilfe

1 =	sehr gut	4 =	ausreichend
2 =	gut	5 =	mangelhaft
3 =	befriedigend	6 =	ungenügend

Zeugnis
für
- - - Cedi König - - - -

Deutsch	3	Erdkunde	3
Englisch	2	Religion	5
Mathe	3	Latein	–
Biologie	1	Französisch	2
Chemie	3	Kunst	4
Physik	3	Sport	3
Geschichte	4	Musik	–

 1 Hör gut zu. Welche Bilder und welche Sätze unten passen zusammen?

a

b

c

d

e

f

1 Ich werde Nachhilfe bekommen.
2 Ich werde besser aufpassen.
3 Ich werde mehr Vokabeln lernen.
4 Ich werde mehr üben.
5 Ich werde nicht im Unterricht herumalbern.
6 Ich werde mehr Hausaufgaben machen.

herumalbern *to fool around*

 2 In welchen Fächern haben die Schüler schlechte Noten? Was werden sie machen? Hör gut zu und und sieh dir die Bilder oben an. Füll dann die Tabelle aus.

	Fach	Note	Aktion
Kathi	Latein, ____	5, ____	d, __
Markus			
Jana			

 **Talking about the future** ➡ 166

To form the future tense in German, you use the present tense of *werden* plus an infinitive which goes at the end of the sentence.

ich werde du wirst er/sie/es wird wir werden ihr werdet sie werden Sie werden	mehr Hausaufgaben **machen**

1 Füll die Lücken aus.

1 Thomas _____ in der Klasse besser aufpassen.
2 Ich _____ mehr Hausaufgaben machen.
3 Wir _____ mehr üben.
4 Sophie und Karl _____ mehr Vokabeln lernen.
5 Was _____ du besser machen?

2 Schreib Sätze.

1 Wir +

2 Du +

3 Sandra +

4 Ihr +

5 Ich +

3a Übe mit einem Partner oder einer Partnerin.

Beispiel: A Was wirst du in Mathe besser machen?
B Ich werde mehr Hausaufgaben machen.
A Was wirst du …

3b Schreib Sätze.

Beispiel: Mathe: Ich werde mehr Hausaufgaben machen.

■ **Ziel**

A Schreib Sätze.

Beispiel: 1 Ich habe eine 5 in Englisch. Das ist mangelhaft.

1 5 +   2 2 +   3 3 +

B Schreib ein imaginäres Zeugnis.

C Schreib über deine Noten und was du besser machen wirst.

Beispiel: Ich habe eine 1 in Erdkunde und ich bin damit sehr zufrieden. Aber ich habe eine 4 in Physik. Das ist nicht so gut und ich werde mehr Hausaufgaben machen.

- Say what your parents' jobs are
- Say what career you would like in the future

▶ Los geht's!

Was passt zusammen?

Beispiel: 1b

1 Sekretär/Sekretärin
2 Kellner/Kellnerin
3 Arzt/Ärztin
4 Krankenpfleger/Krankenschwester
5 Lehrer/Lehrerin
6 Polizist/Polizistin
7 Briefträger/Briefträgerin
8 Hausmann/Hausfrau

 1a Hör gut zu und wähl die passenden Bilder oben. Was sind ihre Eltern von Beruf?

Beispiel: 1 Mutter – d, Vater – g

1 *Meine Mutter ist Lehrerin und mein Vater ist Krankenpfleger.*
2 *Meine Mutter ist Hausfrau und mein Stiefvater ist Arzt.*
3 *Meine Mutter ist Polizistin und mein Vater ist Polizist.*
4 *Meine Stiefmutter ist Sekretärin und mein Vater ist Briefträger.*
5 *Meine Mutter ist Briefträgerin und mein Vater ist Kellner.*

 1b Partnerarbeit. **A** zeigt auf ein Bild und fragt: Was ist dein Vater/deine Mutter von Beruf? **B** antwortet. Dann ist **B** dran.

Beispiel: A (zeigt auf Polizistin) Was ist dein Vater von Beruf?
B Mein Vater ist Polizist.

Grammatik im Fokus / Talking about jobs ➡ 157

Maskulinum	Femininum
Polizist	Polizistin (+in)
Arzt	Ärztin (+in)
Hausmann	Hausfrau
Krankenpfleger	Krankenschwester

When giving a profession, no article is necessary.

Mein Vater ist *Polizist. — *My father is a policeman.*

Meine Mutter ist *Hausfrau. — *My mother is a housewife.*

2 Schreib die passenden Maskulinum- oder Femininum-Formen der Berufe auf.

Beispiel: 1 Tierärztin

Mechaniker   Geschäftsfrau   Feuerwehrmann

LKW-Fahrerin

Tierarzt   Verkäuferin   Informatikerin   Büroarbeiter

3 Was möchten diese Jugendlichen werden?

1 Erika: Ich arbeite gern mit Autos. Ich möchte _____ werden.

2 Arne: Ich arbeite gern mit Kindern. Ich möchte _____ werden.

3 Sylvia: Ich arbeite gern mit Computern. Ich möchte _____ werden.

4 Thomas: Ich lerne gern Biologie und Chemie. Ich möchte _____ werden.

■ Ziel

A Welche Berufe sind das?

1 ITREZRTA
2 ELIRNHER
3 EHRMEKAICN
4 ÜBBRREREARTIO

B Was möchten sie werden? Schreib Sätze.

1 Thomas +

2 Carina +

3 Karl +

4 Susi +

5 Paul +

C Was möchtest du werden/nicht werden und warum? Schreib acht Sätze mit *weil*.

Beispiel: Ich möchte Informatiker werden, weil ich gern mit Computern arbeite. Ich möchte nicht Mechaniker werden, weil ich nicht gern mit Autos arbeite.

Grammatik im Fokus / *Ich möchte ... werden*

If you want to say what you would like (to have or buy), you use *Ich möchte*.

Ich möchte ein Eis. **Ich möchte** dieses T-Shirt.

If you want to talk about what you would like to become, you use *möchte* plus *werden* at the end of a sentence.

Ich **möchte** Lehrerin **werden**.
Was **möchtest** du später **werden**?
Tom **möchte** Polizist **werden**.

1a Partnerarbeit. Was möchtest du später werden? A und B wählen Bilder von **Los geht's!** und Übung 2. A fragt, B antwortet.

Beispiel: A Was möchtest du später werden?
B Ich möchte LKW-Fahrerin werden!

1b Mach eine Umfrage. Frag: „Was möchtest du später werden?" Schreib die Resultate auf (z. B. mit dem Computer).

Beispiel:

Ich möchte gern Lehrer/Lehrerin werden.
(4 Schüler/6 Schülerinnen)

➡ 164

6.5 Die Klasse! – Clique

Kathi: Markus ist doch dein Freund!
Steffi: Ich habe einen Freund in Berlin, der Paul heißt. Hier habe ich keine Freunde.
Cedi: Du hast einen Freund, der in Berlin wohnt? Markus ist nicht dein Freund?
Steffi: Nein, mein Freund ist in Berlin. Ich freue mich auf die Klassenfahrt – da kann ich Paul in Berlin besuchen.

Kathi: Wir sind jetzt deine Freunde, Steffi!
Cedi: Ja, wie findest du die Schule hier, Steffi?
Steffi: Die Schule ist toll. Mein Biologielehrer ist sehr sympathisch und Bio ist mein Lieblingsfach. Ich möchte Ärztin werden.

Cedi: Kathi und ich gehen heute Abend ins Café. Möchtest du mit Steffi kommen?
Markus: Nein, danke, Steffi ist sehr schüchtern.

Steffi ist schüchtern? Das glaube ich nicht.

Jana:	Hast du einen Job gefunden, Kathi?
Kathi:	Nein, und Cedi auch nicht. Es ist sehr schlimm – wir haben kein Geld für Berlin.
Jana:	Ihr könnt zu Hause putzen und aufräumen und Geld verdienen – und vielleicht auch für andere Leute putzen.
Kathi:	Oder im Garten helfen! Jana, das ist eine tolle Idee!

Kathi:	Aber, Jana, du musst auch nach Berlin mitkommen.
Jana:	Ja, aber meine Noten müssen besser werden.
Kathi:	Du musst mehr Hausaufgaben machen und deinen neuen Freund nicht so oft sehen.
Jana:	Was? Ich habe keinen neuen Freund!

1 Hör gut zu und lies mit.

2 Finde die Wörter auf Deutsch im Text.
1 I'm looking forward to the trip.
2 favourite subject
3 shy
4 other people
5 My marks have to get better.

3 Richtig oder falsch?
1 Steffis Freund wohnt in Berlin.
2 Steffi lernt nicht gern Biologie.
3 Markus geht mit Steffi in die Disco.
4 Kathi und Cedi haben keinen Job gefunden.
5 Jana hat eine gute Idee.
6 Jana hat einen neuen Freund.

Lese-Spaß!

Was möchten sie später werden?

Tanja

Ich weiß nicht, was ich später machen werde, aber ich möchte im Ausland arbeiten. Ich habe eine Tante, die in einem Reisebüro arbeitet, und sie reist oft. Meine Lieblingsfächer in der Schule sind Fremdsprachen und das ist wichtig für einen Job im Ausland.

Tariq

Ich bin auch nicht sicher, was ich machen möchte, aber ich möchte nicht in einem Büro arbeiten. Ich lerne gern Naturwissenschaften in der Schule und möchte vielleicht Biologie studieren. Ich kann dann vielleicht im Freien oder in einem Labor arbeiten. Mein Vater hat einen Freund, der bei einer Umweltorganisation arbeitet. Sein Job ist sehr nützlich und auch sehr interessant.

1 Lies die Sprechblasen und finde auf Deutsch:

1 to work abroad
2 a travel agent's
3 foreign languages
4 an office
5 in the open air
6 in a laboratory
7 an environmental agency

2 Wer sagt das?

1

2

3

4

Grammatik im Fokus / **Relative clauses**   ➜ **167**

- Relative clauses give more information about somebody or something. In English, they begin with 'who' or 'which':
*My friend **who** works in an office.* (Gives information about the friend.)

  This is the same in German, but you add a comma:
*Mein Freund, **der** in einem Büro arbeitet.*

- You use *der*, *die* or *das* for 'who' or 'which', depending on whether the thing you are talking about is masculine, feminine or neuter.
Ein Mann, der in einer Schule arbeitet, ist ein Lehrer. (ein Mann → masculine = der)
Eine Frau, die Autos repariert, ist eine Mechanikerin. (eine Frau → feminine = die)
Russland ist ein Land, das sehr groß ist. (ein Land → neuter = das)

1 Look again at the texts for Tanja and Tariq. Can you find a relative clause in each?

2 Fill in the first gap for each sentence with *der*, *die* or *das*. Then fill in the second with the job the person does.

1 Ich habe einen Onkel, ____ in einem Restaurant arbeitet. Er ist _____.
2 Meine Mutter arbeitet im Krankenhaus, ___ in der Stadtmitte ist. Sie ist _____.
3 Ich habe eine Tante, ____ bei IBM arbeitet. Sie ist _____.
4 Mein Vater arbeitet in der Schule, _____ neben dem Bahnhof ist. Er ist _____.
5 Ich habe einen Cousin, _____ Autos repariert. Er ist _____.

3 Write three sentences of your own using relative pronouns.

Grammatik

Comparatives

1a Vergleiche die Fächer.

Beispiel: 1 Geschichte ist interessanter als Erdkunde. Erdkunde ist nicht so interessant wie Geschichte.

1 Erdkunde / Geschichte / interessant
2 Französisch / Religion / nützlich
3 Physik / Chemie / schwierig
4 Englisch / Mathe / einfach
5 Kunst / Latein / kompliziert

The future tense

2 Füll die Lücken mit der richtigen Form von *werden* aus.

1 Ich _____ meine Hausaufgaben machen.
2 Am Samstag _____ wir Tennis spielen.
3 Thomas _____ Hausaufgaben machen.
4 Wir _____ ins Kino gehen.
5 Jutta und Hans _____ Vokabeln lernen.

3 Was möchten sie in der Zukunft werden? Schreib Sätze.

1 Jutta +   2 Thomas +

3 Sara +   4 Jonas +

5 Elke +   6 David +

1b Vergleiche jetzt diese Fächer.

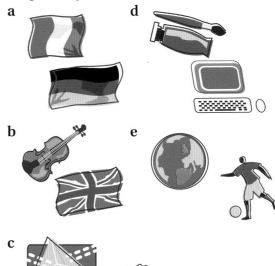

Adjective endings

4 Füll die Lücken aus.

1 Ich trage ein___ blau___ Hemd.
2 Du trägst ein___ rot___ Pullover.
3 Sie trägt ein___ gelb___ Strumpfhose.
4 Er trägt grün___ Socken.

Relative clauses

5 Füll die Lücken mit *der*, *die* oder *das* aus.

1 Ich habe eine Cousine, _____ in Berlin arbeitet.
2 Ich habe einen Onkel, _____ Lehrer ist.
3 Mein Onkel arbeitet in der Schule, _____ neben dem Bahnhof ist.
4 Mein Vater arbeitet in einem Restaurant, _____ in der Stadtmitte ist.
5 Ich habe eine Tante, _____ in Berlin wohnt.

6 Kannst du ...

★ say what subjects you like and dislike?
Ich lerne gern Erdkunde, aber ich lerne nicht gern Kunst.

★ compare different school subjects?
Religion ist interessanter als Physik. Kunst ist nicht so kompliziert wie Chemie.

★ ask others for their opinion about school subjects?
Was findest du schwieriger – Deutsch oder Englisch?

★ give some simple information about your school?
Die Schule fängt um 9 Uhr an und hört um 15.30 Uhr auf. Es gibt eine Kantine und wir haben eine Uniform.

★ say what you wear to school?
Ich trage eine schwarze Hose, ein weißes Hemd und einen grünen Schlips.

★ ask others what they wear to school?
Was trägst du in der Schule?

★ say what your marks are in different subjects?
Ich habe eine 2 in Latein.

★ say what you will do to improve?
Ich werde besser aufpassen.

★ say what your mother's/father's job is?
Meine Mutter ist Lehrerin und mein Stiefvater ist Arzt.

★ ask others what their parents do?
Was ist dein Vater/deine Stiefmutter von Beruf?

★ say what you would like to do in the future?
Ich möchte Geschäftsmann werden.

Du bist dran!

1 Entwirf eine Broschüre über deine Schule.

Beispiel:

> **Windrush–Schule**
> Meine Schule fängt um ...

2 Entwirf deine ideale Schuluniform. Schreib fünf oder sechs Sätze.

Beispiel:

> **Meine ideale Schuluniform**
> Ich trage ein rotes Hemd ...

3 Schreib ein Zeugnis für deinen besten Freund oder deine beste Freundin, wie auf Seite 82.

Vokabular

Schulfächer
Ich lerne gern Erdkunde.
Ich lerne nicht gern
  Kunst.
Geschichte ist
  schwieriger als
  Erdkunde.
Kunst ist nicht so
  schwierig wie Musik.
kompliziert/einfach/
  schwierig/interessant/
  nützlich/besser

school subjects
I like Geography.
I don't like art.

*History is more difficult
  than geography.*

*Art is not as difficult as
  music.*
*complicated/easy/
  difficult/interesting/
  useful/ better*

**Die Schule in
  Deutschland**
Die Schule fängt um
  8 Uhr an.
Die Schule hört um
  13.30 Uhr auf.
Es gibt keine Kantine.
Es gibt keine Uniform.
die Gesamtschule
sitzen bleiben

School in Germany

School begins at 8 o'clock.

*School ends at half
  past one.*
There is no canteen.
There is no uniform.
comprehensive school
to stay back a year

**Was trägst du in der
  Schule?**
Ich trage ...
einen roten Pullover
einen blauen Schlips
einen blauen Rock
einen roten
  Trainingsanzug
eine schwarze Jeans
eine grüne Jacke
eine weiße Strumpfhose
eine braune Hose
ein langes Kleid
blaue Socken
schwarze Schuhe
weiße Turnschuhe

*What do you wear to
  school?*
I wear ...
a red jumper
a blue tie
a blue skirt
a red tracksuit

black jeans
a green jacket
white tights
brown trousers
a long dress
blue socks
black shoes
white trainers

Das Schulzeugnis
gute/schlechte Noten
Ich habe eine 2 in
  Deutsch.
Was wirst du besser
  machen?
Ich werde mehr
Hausaufgaben machen.

School report card
good/bad marks
I have a 2 in German.

What will you do better?

I will do more homework.

Ich werde mehr
  Vokabeln lernen.
Ich werde besser
  aufpassen.
Ich werde nicht mehr
  herumalbern.
Ich werde Nachhilfe
  bekommen.

*I will learn more
  vocabulary.*
I will pay more attention.

*I will not fool around any
  more.*
I will get extra tuition.

**Was ist dein Vater/
  deine Mutter von Beruf?**
Mein Vater/Meine
  Mutter ist ...
Was ist dein Stiefvater/
  deine Stiefmutter
  von Beruf?
Mein Stiefvater/Meine
  Stiefmutter ist ...

*What is your dad's/your
  mum's job?*
My dad/my mum is ...

*What is your stepdad's/
  your stepmum's job?*

*My stepdad/My
  stepmum is ...*

Was möchtest du werden?
Ich möchte
  Mechanikerin werden.
Krankenpfleger/
  Krankenschwester
Sekretär/Sekretärin
Kellner/Kellnerin
Briefträger/Briefträgerin
Lehrer/Lehrerin
Hausmann/Hausfrau
Arzt/Ärztin
Polizist/Polizistin
Tierarzt/Tierärztin
Verkäufer/Verkäuferin
Informatiker/
  Informatikerin
LKW-Fahrer/
  LKW-Fahrerin
Mechaniker/
  Mechanikerin
Geschäftsmann/
  Geschäftsfrau
Büroarbeiter/
  Büroarbeiterin
Feuerwehrmann/
  Feuerwehrfrau

What would you like to be?
I'd like to be a mechanic.

nurse

secretary
waiter/waitress
postman/postwoman
teacher
house husband/housewife
doctor
police officer
vet
shop assistant
computer technician

lorry driver

mechanic

businessman/businesswoman

office worker

fireman/firewoman

1a Hör gut zu. Kai, Benedikt und Astrid beschreiben die Ferien. Kopiere die Tabelle und füll sie aus.

	Wohin?	Wie?	Was gemacht?
Kai			
Benedikt			
Astrid			

1b Partnerarbeit. Ist alles richtig? Macht Dialoge.

Beispiel:
A *Wohin bist du gefahren, Kai?*
B *Ich bin nach Irland gefahren.*
A *Und wie bist du dorthin gefahren?*
B *Ich bin mit dem Auto gefahren.*
A *Und was hast du gemacht?*
B *Ich bin ins Schwimmbad gegangen und ich bin Rad gefahren.*

2a Lies die Postkarte von Katja und beantworte die Fragen.

Hallo, Simone!
Im Sommer bin ich nach Bangor in Wales gefahren. Wir haben einen Ausflug gemacht und ich habe Eis gegessen und Cola getrunken. Wir haben in einer Ferienwohnung gewohnt. Das Wetter war windig, aber es war sehr heiß. Es war toll!

Tschüs!
Katja

1 Wohin ist Katja gefahren?
2 Wann ist sie gefahren?
3 Was hat sie gemacht?
4 Wo hat die Familie gewohnt?
5 Wie war das Wetter?
6 Wie war das alles?

2b Schreib zwei Postkarten (so wie Katja) mit den Informationen unten.

Beispiel: Ich bin nach Spanien gefahren und ich …

3 Bring die Sätze in die richtige Reihenfolge.

a am / wie / besten / komme / ich / Stadtmitte / zur / ?
b zur / Post / welche / fährt / Linie / ?
c zum / Markt / einmal / bitte / .
d eine / Fahrkarte / kostet / was / ?
e nächste / Zug / fährt / wann / der / ?

4 Du bist im Fundbüro. Was hast du verloren? Beschreib die Artikel.

Beispiel: a Ich habe meinen Schirm verloren. Er ist groß und schwarz und aus Plastik.

5a Luise macht eine Party. Was tragen ihre Gäste? Finde die passenden Bilder.

1 *Ich trage eine schwarze Jeans, ein grünes Hemd und eine weiße Jacke. Ich trage auch weiße Turnschuhe.*

2 *Ich trage heute Abend einen roten Rock, eine blaue Bluse und schwarze Schuhe. Und ich trage eine graue Strumpfhose.*

3 *Ich trage eine braune Hose, ein gelbes Sweatshirt und eine rote Mütze. Und ich trage braune Schuhe.*

4 *Ich trage ein grünes Kleid, eine schwarze Bluse und eine gelbe Jacke. Ich trage braune Schuhe.*

5b Was tragen die anderen Gäste? Schreib Sprechblasen für die anderen Leute in Übung 5a.

*Beispiel: **a** Ich trage eine blaue Hose, …*

6 Welche Berufe haben diese Personen?

1 Ich arbeite in einem Büro. Ich tippe Briefe.
2 Ich unterrichte Chemie in einem Gymnasium.
3 Ich arbeite in einem Krankenhaus, aber ich bin kein Krankenpfleger.
4 Ich trage jeden Tag Briefe und Postkarten aus.
5 Ich arbeite in einem Restaurant und bringe den Gästen Essen und Getränke.

7 Partnerarbeit. Sieh dir / den Stadtplan rechts an und macht Dialoge.

*Beispiel: **A** Wie komme ich am besten zum Markt?*
* **B** Gehen Sie links und nehmen Sie die zweite Straße rechts.*

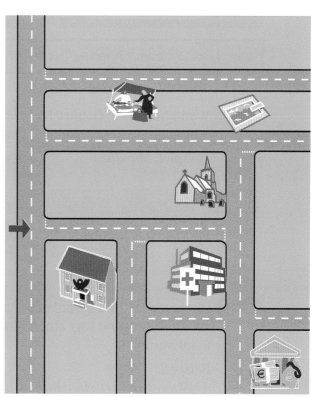

7.1 Wann ist Ostern?

- Say when your birthday is
- Ask and say when special events/celebrations are

▶ Los geht's!

Die Monate. Füll die Lücken aus.

1 Frühling:	Mä_ _	A_ _ _l	M_ _
2 Sommer:	J_n_	J_ _ _	A_ _ _ _t
3 Herbst:	S_ _ _ _ _ _ _	O_ _ _ _ _ _	N_ _ _ _ _ _ _
4 Winter:	D_ _ _ _ _ _	J_ _ _ _ _	F_ _ _ _ _ _

HÖREN LESEN 1 Lies mit und hör gut zu. Wann hat Kathi Geburtstag?

Wann ist Ostern, Jana?

Ostern ist am 27. März.

Und wann hast du Geburtstag, Kathi?

a am 3. Juli   **b** am 13. Januar   **c** am 30. Juni

HÖREN 2 Wann haben sie Geburtstag? Hör gut zu und finde die passenden Daten.

Beispiel: Miriam: c

a	b	c	d
10. Juli	26. August	7. Mai	24. Februar

e	f	g
1. Dezember	13. März	25. April

SPRECHEN 3a Partnerarbeit. A zeigt auf eine Zahl in der Hilfe-Box und sagt einen Monat, **B** antwortet.

Beispiel:
A Wann hast du Geburtstag? (10. April)
B Ich habe am 10. April Geburtstag.

Hilfe

Wann hast du Geburtstag?
Ich habe am … Geburtstag.
Mein Geburtstag ist am dreizehnten Juli.

1.	**ersten**	9.	**neunten**
2.	**zweiten**	10.	**zehnten**
3.	**dritten**		↓
4.	**vierten**		
5.	**fünften**	20.	**zwanzigsten**
6.	**sechsten**	21.	**einundzwanzigsten**
7.	**siebten**	22.	**zweiundzwanzigsten**
8.	**achten**	23.	**dreiundzwanzigsten**

Wann ist …? … ist im März/April.

SPRECHEN 3b Partnerarbeit. Du bist dran! Wann hast du Geburtstag? Macht Dialoge.

HÖREN LESEN 4 Hör gut zu und lies die Texte. Finde die passenden Feiertage unten.

① *Dieses Fest ist im Frühling. Ein Hase bringt Eier und Schokolade für kleine Kinder!*

② *Ich mache eine Party im Keller. Es gibt einen tollen Kuchen und Kakao und Cola – und wir tanzen.*

③ *Das ist ein lustiger Tag! Letztes Jahr habe ich eine große Maus für meine Freundin gekauft – aus Plastik!*

a mein Geburtstag   **b** 1. April   **c** Ostern

5a Hör gut zu und lies mit.

Fasching/Karneval (Rosenmontag)

Karneval ist dieses Jahr am 18. Februar. Ich finde Karneval toll, weil wir lustige Kostüme tragen. Ich bin ein Clown: ich trage eine große gelbe Hose, einen grünen Pullover und rote Schuhe – und ich habe eine rote Nase und lila Haare!

Wir machen am 31. Dezember eine Party, weil Silvester ist. Ich mache Pizza und meine Schwester macht Salate, und wir trinken Tee oder Champagner. Um Mitternacht gibt es ein großes Feuerwerk.

Silvester

Diwali

Diwali ist dieses Jahr im November. Wir feiern Diwali, weil wir aus Indien kommen. Diwali dauert fünf Tage und wir haben viele Kerzen und Lampen im Haus. Es gibt Süßigkeiten und neue Kleidung.

5b Lies die Sätze. Sind sie richtig oder falsch?

1 Karneval ist im Winter.
2 Zum Karneval trägt man eine Schuluniform.
3 An Silvester macht man eine Geburtstagsparty.
4 Silvester ist in der Nacht.
5 Diwali ist ein indisches Fest.
6 Diwali ist eine Woche lang.

Kultur

Karneval

Carnival (*Karneval* in northern Germany, *Fasching* in southern Germany) celebrates the beginning of the *Fastenzeit* (Lent) and lasts five days from *Altweiberfastnacht* (the Thursday before Shrove Tuesday) until *Aschermittwoch* (Ash Wednesday). The most important day is *Rosenmontag* where young and old celebrate with fancy dress, parties and carnival parades – the most famous of these take place in Mainz, Cologne and Munich.

■ **Ziel**

A Ratespiel: Feiertagsgrüße – was sagt man wann?
1 Frohe Ostern!
2 Herzlichen Glückwunsch!
3 Frohes neues Jahr!
4 April, April!

B Zeichne einen Kalender und schreib die wichtigen Feiertage auf.
Beispiel:

2. mein Geburtstag   24. Heiligabend
6. Nikolaustag   31. Silvester

C Schreib eine Liste von deinen wichtigen Feiertagen.
Beispiel: Meine Mutter hat am 13. August Geburtstag.
Diwali ist am 7. November.

7.2 Wir feiern Weihnachten

■ Describe special events/celebrations

▶ Los geht's!

Lies die Texte unten in Übung 1a und finde:
1 7 Perfekt-Sätze mit *haben*
2 1 Perfekt-Satz mit *sein*
3 2 Imperfekt-Sätze
4 1 Relativsatz

Beispiel: *1 Letztes Jahr habe ich … bekommen.*

1a Jana beschreibt die Weihnachtszeit in Deutschland für ihre Brieffreundin Zoë aus England. Hör gut zu, lies mit und finde die passenden Bilder für die Texte.

1 Weihnachten in Deutschland ist am 24. Dezember – am Heiligabend. Um 18 Uhr ist **Bescherung** – dann gibt es Geschenke. Letztes Jahr habe ich einen iPod und ein Skateboard bekommen. Wir haben auch einen **Tannenbaum** mit vielem schönen Weihnachtsschmuck. Dieses Jahr ist unser Weihnachtsschmuck in Rot und Silber. Letztes Jahr war der Weihnachtsschmuck in Gold, Weiß und Lila. Vor der Bescherung singen wir Weihnachtslieder. Danach essen wir ein **festliches** Abendessen – aber keinen **Truthahn**!

2 Der Weihnachtsmann bringt Geschenke für kleine Kinder. Er trägt eine rote Hose, eine rote Jacke und eine rote Mütze auf dem Kopf. Und er hat einen weißen Bart. Ja, und er hat eine große braune Tasche mit Geschenken! Früher hat unser Vater den Weihnachtsmann gespielt und das Weihnachtsmannkostüm getragen. Das war super!

3 Der 25. Dezember ist der 1. Weihnachtsfeiertag. Dieser Tag ist schön, weil wir zu unseren **Verwandten** fahren – und weil es noch mehr Geschenke gibt! Letztes Jahr sind wir nach Bonn gefahren und haben meine Großeltern besucht. Meine Oma hat **Gans mit Rotkohl** gekocht, und zum Nachtisch hat mein Opa Schokoladenpudding gemacht – lecker!

4 Der Nikolaustag ist am 6. Dezember. Am Abend stellen wir unsere Schuhe vor die Schlafzimmertür, die der Nikolaus mit kleinen Geschenken **füllt**. Letztes Jahr hat der Nikolaus Orangen, **Nüsse** und Filzstifte gebracht.

a

b

c

d

1b Wie heißt das auf Deutsch? Finde die passenden Wörter in Schwarz im Text.
1 turkey
2 to fill
3 nuts
4 goose with red cabbage
5 Christmas tree
6 festive
7 relatives
8 giving out of Christmas presents

2a Lies die Sätze. Ist das Deutschland (D) oder Großbritannien (GB)?

1 Weihnachten ist am 25. Dezember.
2 Der Nikolaus bringt Geschenke.
3 Wir tragen Hüte aus Papier.
4 Am Heiligabend bekommen wir Geschenke.
5 Wir essen Truthahn mit Kartoffeln.
6 Am 6. Dezember stellen wir keine Schuhe vor die Tür.

2b Du warst letzten Dezember in Deutschland. Schreib neue Sätze im Perfekt und Imperfekt mit den Sätzen in Übung 2a.

Beispiel: 1 Weihnachten war am 24. Dezember.

Wiederholung	Imperfekt
Es ist Bescherung. ➡	Es war Bescherung.
Der Weihnachtsschmuck ist in Gold. ➡	Der Weihnachtsschmuck war in Gold.

Hilfe

Weihnachten in Deutschland ist am Heiligabend/24. Dezember.
Weihnachten in Großbritannien ist am 25. Dezember.
Um 20 Uhr ist Bescherung.
Um 20 Uhr war Bescherung.
Ich bekomme/Wir bekommen Geschenke.
Ich habe/Wir haben ... bekommen.
Wir essen ein festliches Abendessen/Essen.
Letztes Jahr haben wir Gans mit Rotkohl/Truthahn gegessen.
Am 25. Dezember ist der 1. Weihnachtsfeiertag.
Wir besuchen Verwandte.
Wir haben Verwandte besucht.
Der Nikolaustag ist am 6. Dezember.
Wir stellen unsere Schuhe vor die Tür.
Der Nikolaus füllt sie mit Geschenken/bringt Geschenke.

3 Du bist dran – was machst du an Weihnachten? Was hast du letztes Jahr gemacht? Schreib Sätze.

Lerntipp

Using the Internet
Match the advice for surfing the net (A) with information taken from the Internet (B).

A
1 Wähl eine Suchmaschine.
2 Schreib die Adresse der Site auf.
3 Schreib das Schlagwort/die Schlagwörter in das Adressenfenster.
4 Klick hier für andere Links.

B
a http://www.ratgeber-karneval.de/; www.karneval-infos.de/
b Karneval, Köln, Jugendliche
c Links
d www.google.de; www.lycos.de; www.deutschland.de

■ **Ziel**

A Füll die Lücken aus.
  1 Letztes Jahr _____ Bescherung um elf Uhr.
  2 Der 1. Weihnachtsfeiertag ist am _____ Dezember.
  3 Am 6. Dezember ist _____ .
  4 Am _____abend bekommen wir Geschenke.
  5 Der Nikolaus füllt unsere Schuhe mit _____ .

B Schreib ein Weihnachts-ABC!
  *Beispiel: A In Deutschland ist Weihnachten am **Abend**.*
  *B Ich habe zu Weihnachten ein **Buch** bekommen.*

C Beschreib ein anderes Fest so wie in Übung 3. Finde Informationen im Internet.
  Beispiel: Der Valentinstag ist am ... Ich schicke Karten an Freunde und Verwandte – aber ohne Absender! Letztes Jahr habe ich zwei Karten geschickt.

7.3 Ich mache eine Party!

- Invite others to a party
- Accept invitations
- Make excuses

▶ Los geht's!

Lies die Wörter. Was passt nicht – und warum nicht?

1 **a** Samstag	**b** Mittwochnachmittag	**c** Wochenende	**d** Februar
2 **a** Keller	**b** Silvester	**c** Wohnzimmer	**d** Garten
3 **a** Karneval	**b** Geburtstag	**c** Sonntag	**d** Schulfest

 1a Hör gut zu und lies mit. Finde fünf Fehler im Text.

Jan:	Ich habe am Sonntag Geburtstag und ich mache eine Party. Kommst du?
Britta:	Vielen Dank für die Einladung! Ich komme gern. Und wann ist die Party?
Jan:	Am Sonntagabend um 19 Uhr.
Britta:	Okay – und wo?
Jan:	Zu Hause. Die Adresse ist ...
Britta:	Kaiserstraße 74! Und wo ist die Party? Im Wohnzimmer?
Jan:	Nein, im Partykeller.

1b Partnerarbeit. **A** ist Jan, **B** ist Britta. Spielt den Dialog.

2a Hör gut zu und finde die passenden Einladungen.

a
Faschings-Fete!
Wann: Montag, 18. Februar, 18 Uhr
Wo: Goldstraße 23
(Partykeller)

b
Ich habe am 19. Juli (Samstag) Geburtstag und mache um 20 Uhr eine Party.
Adresse: Wilhelmweg 2 (Garten)

c
Wir machen am Sonntag ein Picknick!
Wo: Im Duden-Park
(am Stadtrand, Buslinie 5)
Wann: am Nachmittag (15 Uhr)

d
Einladung zum Schulfest
Am Freitag (11. Mai) um 11 Uhr
In der Schiller-Schule
(Heimstraße 36)

2b Partnerarbeit. **A** wählt eine Einladung oben, **B** antwortet. Dann ist **B** dran.

Beispiel: A Ich mache am Samstag eine Party. Kommst du?
B Ja, ich komme gern. Wo ist die Party? ...

Grammatik im Fokus — *in + dative*
➡ 158–159

Die Party ist ...

m.	der Garten	➡	**im** Garten. (in + dem)
f.	die Schule	➡	**in der** Schule.
n.	das Schwimmbad	➡	**im** Schwimmbad. (in + dem)

1 Wo ist die Party? Füll die Lücken mit *im* oder *in der* aus.

1 _____ Partykeller
2 _____ Wohnzimmer
3 _____ Schule
4 _____ Park
5 _____ Schwimmbad
6 _____ Disco

Hilfe

Ich habe am Samstag Geburtstag.
Ich mache eine Party.
Ich mache am Sonntag eine Faschingsfete.
Wir machen am Wochenende ein Picknick.
Meine Schule macht am Freitag ein Schulfest.

Wann? Um ... Uhr.
Wo? Zu Hause.
Im Garten/Park/Partykeller. In der Schule.
Im Schwimmbad.

Kommst du?
Ja, gern.
Vielen Dank für die Einladung. Ich komme gern.

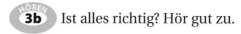

3a Tom macht eine Party – aber keine Freunde kommen! Füll die Lücken aus. (Brauchst du Hilfe? Schau in der Hilfe-Box nach.)

3b Ist alles richtig? Hör gut zu.

Freitag

① Ich mache am Sonntag eine Party. Kommst du?

② Ich kann leider nicht kommen. Ich muss im _____ arbeiten.

③ Ach nein! Ich kann nicht kommen! Ich muss _____ machen.

④ Nein, ich muss mein _____ aufräumen.

⑤ Nein, ich _____ zu Hause _____.

⑥ Nein, ich muss _____ _____.

⑦ *Sonntag* Keine Freunde kommen zu meiner Party!

⑧ Herzlichen Glückwunsch!

3c Nehmt den Cartoon auf Kassette auf.

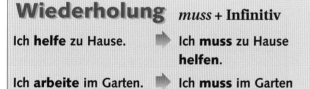

Wiederholung *muss* + **Infinitiv**

Ich **helfe** zu Hause. ➡ Ich **muss** zu Hause **helfen**.

Ich **arbeite** im Garten. ➡ Ich **muss** im Garten **arbeiten**.

Hilfe

Ich kann leider nicht kommen.

Ich muss | im Garten arbeiten.
Hausaufgaben machen.
mein Zimmer aufräumen.
zu Hause helfen.
Zeitungen austragen.

■ **Ziel**

A „Kommst du zu meiner Party?" Lies Übung 3a noch einmal. Macht Dialoge mit diesen Informationen.

B Seht euch noch einmal Übung 2a und 2b an. Zeichnet weitere Einladungen und macht Dialoge.

C Schreib andere Ausreden für die Bilder.
Beispiel: a Ich muss Fußball spielen.

Wie war die Party?

- Describe a party in the past
- Say how it was
- Say what presents you received
- Say what you did

▶ **Los geht's!**

Finde die passenden Wörter.
1	Ich habe Geschenke	a bekommen.	b gespielt.
2	Wir haben im Partykeller	a gemacht.	b getanzt.
3	Ich habe Kuchen	a gehört.	b gegessen.
4	Wir haben Partyspiele	a gespielt.	b getrunken.

HÖREN 1a Hör gut zu und finde die passenden Bilder für Peter und Cora.

Beispiel: Peter e, …

a

b

c

d

e

f

g

h

Meine Geburtstagsparty war super! Die Party war von 16 bis 20 Uhr. Sie war im Partykeller und ich hatte 10 Gäste: fünf Jungen und fünf Mädchen. Ich habe viele Geschenke bekommen – ein Computerspiel, ein Buch, CDs … und von Susi, Verena und Alex habe ich ein Telefon bekommen – ein Handy! Meine Mutter hat Gemüseauflauf gekocht – lecker! Wir haben auch Eis gegessen und wir haben Cola getrunken. Und was haben wir gemacht? Wir haben Musik gehört und wir haben getanzt! Um 18 Uhr gab es sogar eine Disco: mein Bruder Kalle war DJ – er hat tolle Musik gemacht!
Peter

Das Schulfest war total toll! Wir sind um 15 Uhr gekommen, und das Fest war um 20 Uhr zu Ende – leider! Die Party war auf dem Schulhof. Es waren 80 Gäste da. Es gab auch kleine Geschenke: ich habe ein Poster bekommen. Ich habe für das Schulfest Pizza gemacht und wir haben auch Chips gegessen und Orangensaft getrunken. Ich habe auch Sven gesehen und ich habe Tim aus der 8A getroffen. Wir haben lustige Partyspiele gespielt, und es gab auch einen Karaoke-Wettbewerb. Ich habe mit meiner Freundin Anne ein Lied von den Lollipops gesungen – und wir haben gewonnen!
Cora

LESEN 1b Lies die Texte und beantworte die Fragen für beide Peter und Cora.

1 Wann war die Party?
2 Wo war die Party?
3 Wie viele Gäste waren da?
4 Was hast du bekommen?
5 Was hast du gegessen?
6 Was hast du getrunken?
7 Was hast du gemacht?

SPRECHEN 1c Partnerarbeit. Ist alles richtig? **A** fragt, **B** antwortet. Dann ist **A** dran.

Beispiel: A Peter, wann war die Party?
B Die Party war von … Uhr bis … Uhr.

2 Partnerarbeit. Wie war die Party? Was hast du gemacht? **A** fragt, **B** wählt eine Einladung und antwortet.

Beispiel:
A Wie war die Party?
B Sie war super!
A Was hast du gemacht?
B Ich habe ... getroffen. Ich habe auch ... gesehen. Und ich habe mit ... getanzt!
A Was hast du gegessen?
B Ich habe ... gegessen. Und ich habe ... getrunken.

Faschingsfete
Gäste: Alexander, Christina, Daniel
Trinken: Cola, Orangensaft
Essen: Pizza, Kartoffelsalat

Geburtstagsparty!
Gäste: Gaby, Oliver, Tanja
Trinken: Mineralwasser, Apfelsaft
Essen: Würstchen, Chips

Hilfe

Wann/Wo/Wie war die Party?
Sie/Es war super.
Es waren zehn Gäste da.
Ich hatte/Wir hatten …
Es gab tolle Musik.
Ich habe viele Geschenke bekommen.
Ich habe Chips gegessen.
Ich habe Cola getrunken.
Wir haben Partyspiele gemacht.
Wir haben Musik gehört/getanzt/gesungen.
Ich habe Susi gesehen/getroffen.

Grammatik im Fokus **The imperfect tense** ➡ 165

Apart from *sein*, some other common German verbs usually use the imperfect tense instead of the perfect tense:

haben Ich habe acht Gäste. ➡		Ich hatte acht Gäste.
geben Es gibt Pizza. ➡		Es gab Pizza.

Lerntipp

Writing a detailed description in the past
A Plan longer pieces of writing very carefully!
B Read or listen to the topic/question carefully.
C Note down the main idea. Then think of all the relevant details you can (where, when, how long, how, etc.) and create a mind map.

D Write your text in rough. Then check:
• Tenses correct?   • Cases correct?
• Adjectives correct?   • Articles correct?
• Spelling and Umlauts correct? (Check in dictionary).

E Write sentences using connectives, *e.g. Die Party war super, und ich habe viele Geschenke bekommen. Wir haben auch getanzt. Später haben wir …*

F Ask a partner/your teacher to advise you on how to improve your text further. Then write up a neat version!

■ Ziel

A Gedächtnisspiel – Beschreib deine Geburtstagsparty!
Beispiel: *A Ich habe ein Buch bekommen.*
B Ich habe ein Buch bekommen und ich habe Cola getrunken.

B Schreib eine E-Mail für eine Party von Übung 2.
Beispiel: *Die Faschingsfete war super! Ich habe Alexander und Christina getroffen und ich habe mit Daniel getanzt.*

C Beschreib eine Party: Wann? Wo? Wie? Was hast du gemacht/gegessen/getrunken?

Kathi:	Du hast keinen neuen Freund? Aber da ist doch dieser junge Mann …
Jana:	Welcher junge Mann?
Kathi:	Er ist groß und er hat schwarze Haare. Und er trägt eine Brille.
Jana:	Eine Brille! Kathi, das ist nicht mein neuer Freund – das ist mein Cousin Lukas!
Kathi:	Lukas – dein Cousin?

Jana:	Ja, und sein Lieblingsfach ist Deutsch. Er möchte Deutschlehrer werden. Wir lernen dreimal pro Woche Deutsch – das heißt: Lukas hilft, und ich lerne. Und bald sind meine Noten besser!
Kathi:	Jana, seit wann machst du das?
Jana:	Seit April.
Kathi:	Aber warum hast du nichts gesagt?
Jana:	Alle sind gut in Deutsch – nur ich nicht. Das finde ich blöd …

Kathi:	Jana – unsere Fahrt nach Berlin … vielleicht können wir doch alle fahren – und du kannst auch mitkommen!
Jana:	Wie – nach Berlin? Mit Markus und Steffi?? NIE!!
Kathi:	Aber, Jana – er … zu spät!

Kathi: Cedi, Jana hat eine super Idee! Wir können zu Hause Geld verdienen! Wir können aufräumen und putzen oder im Garten arbeiten!
Cedi: Ja, toll! Kathi, ich habe auch eine super Idee: Wir machen eine Party – für Jana und Markus!

Cedi: Hallo, Markus!
Kathi: Guten Morgen, Jana!
Cedi: Hey, wir machen am Samstag eine Party – im Park!
Kathi: Ja, ich mache Salat und Kuchen – und Cedi kauft Cola und Orangensaft!
Markus: Eine Party? Nein, ich kann nicht kommen – ich muss – ähm … ich muss – Zeitungen austragen.
Jana: Ja, ich kann auch nicht kommen. Ich – ich muss mein Zimmer aufräumen.

1 Hör gut zu und lies mit.

2 Wie heißt das auf Deutsch?
  1 But there is this young man.
  2 Why didn't you say anything?
  3 too late
  4 What are we going to do now?

3a Lies die Sätze. Sind sie richtig oder falsch?
  1 Lukas ist Janas Deutschlehrer.
  2 Jana möchte gute Noten in Deutsch haben.
  3 Jana will gern mit Markus und Steffi nach Berlin fahren.
  4 Cedi und Kathi wollen eine Fete im Park machen.
  5 Jana und Markus kommen gern zur Party.
  6 Kathi hat keine Idee.

3b Korrigiere die falschen Sätze.

Kathi: O nein – was machen wir jetzt?
Cedi: Moment – ich habe noch eine super Idee …

Lese-Spaß!

Wenn der Mai kommt

Spaß haben, tanzen, feiern – der 1. Mai, ein Feiertag in Deutschland, ist für viele Jugendliche ein besonderer Tag.

Der 1. Mai ist für mich der beste Tag im Frühling. Es ist auch das erste Fest im Jahr, das man draußen, also in der Natur, feiert. Es beginnt am 30. April mit dem Aufstellen des Maibaums im Dorf. Dieses Jahr habe ich in der Nacht zum 1. Mai bei Lagerfeuer und Musik mit vielen Freunden und Freundinnen gefeiert. Wir haben die ganze Nacht gelacht und Spaß gehabt – aber das Wetter war schlecht, weil es geregnet hat!
Marie, 16

Am 1. Mai stellen Jungen einen Maibaum vor die Tür ihrer Freundinnen. In den letzten Jahren habe ich nie einen Baum bekommen. Ich bin an jedem 1. Mai vor die Haustür gegangen und war immer traurig, weil kein Baum da war … Aber dieses Jahr hatte ich eine tolle Überraschung! Ich bin in der Nacht von einer ‚Tanz in den Mai'-Party gekommen – und da war ein Maibaum vor meinem Haus! Ich bin so glücklich, weil ich einen tollen Freund habe …
Katharina, 18

Ich wohne auf dem Land, und wir feiern jedes Jahr in den 1. Mai – das heißt, wir feiern am Abend davor. Dieses Jahr haben wir Jugendlichen zum ersten Mai einen Maibaum aufgestellt. Ich habe mich mit sechs Freunden getroffen. Wir haben einen Baum – eine Birke – aus dem Wald geholt. Wir haben die Birke mit bunten Bändern dekoriert und zu Fuß zum Dorfplatz gebracht. Um 20 Uhr gab es dann ein Picknick beim Maibaum, und wir haben gesungen und getanzt.
Andi, 17

Wir wohnen in der Stadt und dort ist der 1. Mai kein besonderer Feiertag. Am Vorabend, also am 30. April, habe ich Französisch-Vokabeln gelernt, weil ich im letzten Zeugnis eine 5 in Französich hatte … Aber der 1. Mai war schön, weil wir keine Schule hatten und ich bis um 10 Uhr geschlafen habe! Wir sind zu meiner Tante nach Bochum gefahren, weil sie ein Festessen gekocht hat. Es gab Fisch – Maischolle mit jungen Kartoffeln. Es war super, weil meine Großeltern aus München auch da waren. Ich habe sie schon lange nicht mehr gesehen.
Jens, 16

1 Lies die Texte und finde auf Deutsch:

1 putting up the May tree
2 camp fire
3 we laughed all night long
4 the night before
5 we fetched a birch tree from the woods
6 ribbons
7 sad
8 a surprise
9 happy
10 May Day isn't a particularly special festival

2 Lies die Texte noch einmal. Wer sagt was?

1 Wir haben die ganze Nacht gefeiert.
2 Wir haben beim Baum gegessen.
3 Ich wohne nicht in einem Dorf.
4 Wir haben Musik gehört.
5 Mein Freund hat einen Baum vor meine Tür gestellt.
6 Ich habe am 30. April keine Party gemacht.
7 Wir haben den Baum dekoriert.
8 Es hat geregnet.

Grammatik

The imperfect tense

1 Füll die Lücken aus.

1 Die Party _____ super!
2 Wir _____ bei meinen Verwandten.
3 Es _____ viele Geschenke.
4 Wo _____ du zu Weihnachten?
5 Ich _____ zehn Gäste.
6 Ostern _____ im April.

waren	warst	war	gab	war	hatte

The perfect tense

2 *sein* oder *haben*? Füll die Lücken aus.

1 Ich _____ Truthahn gegessen.
2 Wir _____ zu meinem Opa gefahren.
3 Ich _____ eine Party gemacht.
4 Wir _____ Lisa getroffen.
5 Ich _____ um 16 Uhr zur Party gekommen.
6 Wir _____ an Silvester in die Stadt gegangen.

3 Füll die Lücken aus.

1 Wir haben meine Großeltern _____ .
   (besuchen)
2 Ich habe Karaoke-Lieder _____ . (singen)
3 Der Weihnachtsmann hat Geschenke
   _____ . (bringen)
4 Wir haben den Wettbewerb _____ .
   (gewinnen)
5 Mein Vater hat Gans mit Rotkohl _____ .
   (kochen)
6 Ich habe ein Handy und ein Buch _____ .
   (bekommen)

4a Wie war deine Party – was hast du alles
gemacht? Schreib Sätze mit den
Informationen unten.

a    d

b    e

c   f

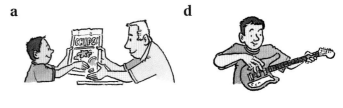

4b Partnerarbeit. Ist alles richtig? Macht Dialoge.

> *Beispiel:* A *Bild a – was hast du gemacht?*
> B *Ich habe … gekauft.*

7 Kannst du ...

★ say when your birthday is?
Mein Geburtstag ist am dritten September. Ich habe am zwanzigsten Mai Geburtstag.

★ ask and say when special events/celebrations are?
Wann ist Ostern? Ostern ist am 27. März.

★ describe special events/celebrations?
Für Weihnachten haben wir einen Tannenbaum. Es gibt viele Geschenke.

★ invite others to a party?
Kommst du zu meiner Party?

★ accept invitations?
Vielen Dank für die Einladung. Ich komme gern.

★ make excuses?
Ich kann leider nicht kommen. Ich muss zu Hause helfen.

★ describe a party in the past?
Die Party war am Samstag um 16 Uhr.

★ say how it was?
Es war super! Ich hatte sieben Gäste.

★ say what presents you received?
Ich habe ein Handy bekommen.

★ say what you did?
Es gab Pizza. Wir haben getanzt.

Du bist dran!

1 Organisiert ein Schulfest!

a Macht eine Umfrage in der Klasse. Fragt:
- Welches Fest machen wir? (z. B. ein Faschingsfest, eine Disco, eine Party für die ‚Klasse Nummer eins' in der Schule usw.)
- Wann machen wir das Fest? (z. B. im Februar, vor den Sommerferien, am Freitagabend usw.)
- Wo machen wir das Fest? (z. B. in der Schule, im Park, in der Rollerdisco usw.)

b Schreibt Einladungen und zeichnet ein Einladungsposter.

c Essen und Trinken – was gibt es? Zeichnet und schreibt eine Speisekarte mit Preisen.

d Erfindet Ausreden für die Lehrer! Schreibt und zeichnet alles. Macht dann einen Wettbewerb: Was ist die Ausrede Nummer eins?

Wann hast du Geburtstag?	*When is your birthday?*
Ich habe am … Geburtstag/Mein Geburtstag ist am …	*My birthday is on …*
ersten	*the first*
zweiten	*second*
dritten	*third*
vierten	*fourth*
fünften	*fifth*
sechsten	*sixth*
siebten	*seventh*
achten	*eighth*
neunten	*ninth*
zehnten	*tenth*
zwanzigsten	*twentieth*
einundzwanzigsten	*twenty-first*
zweiundzwanzigsten	*twenty-second*
dreiundzwanzigsten	*twenty-third*
Januar	*(of) January*
Februar	*February*
März	*March*
April	*April*
Mai	*May*
Juni	*June*
Juli	*July*
August	*August*
September	*September*
Oktober	*October*
November	*November*
Dezember.	*December.*
Ich habe am Samstag Geburtstag.	*It's my birthday on Saturday.*
Ich mache/ Wir machen …	*I'm/We're having …*
eine Party	*a party*
eine Faschingsfete	*a fancy-dress party*
ein Picknick	*a picnic*
ein Schulfest.	*a school fête.*
Wann?	*When?*
Um … Uhr.	*At … o'clock.*
Wo?	*Where?*
Zu Hause.	*At home.*
Im Garten/Partykeller/ Park.	*In the garden/'party room'/ park.*
In der Schule.	*At school.*
Im Schwimmbad.	*At the swimming pool.*
Kommst du?	*Can you come?*
Ja, gern.	*Yes, I'd love to.*

Vielen Dank für die Einladung.	*Thank you for the invitation.*
Ich komme gern.	*I'd love to come.*
Ich kann leider nicht kommen.	*Unfortunately I can't come.*
Ich muss …	*I have to …*
im Garten arbeiten.	*work in the garden.*
Hausaufgaben machen.	*do my homework.*
mein Zimmer aufräumen.	*tidy my room.*
zu Hause helfen.	*help at home.*
Zeitungen austragen.	*deliver newspapers.*
Wann/Wo/Wie war die Party?	*When/Where/How was the party?*
Sie/Es war super.	*It was great.*
Es waren zehn Gäste da.	*There were ten guests.*
Ich hatte zehn Gäste.	*I had ten guests.*
Es gab tolle Musik.	*There was good music.*
Ich habe viele Geschenke bekommen.	*I received lots of presents.*
Ich habe Chips gegessen.	*I ate crisps.*
Ich habe Cola getrunken.	*I drank cola.*
Wir haben Partyspiele gemacht.	*We played party games.*
Wir haben Musik gehört.	*We listened to music.*
Wir haben getanzt/ gesungen.	*We danced/sang.*
Ich habe Susi gesehen/ getroffen.	*I saw/met Susi.*
Feiertage	*Festivals*
Fasching/Karneval	*Carnival*
Valentinstag	*Valentine's Day*
1. April	*April Fool's Day*
Ostern	*Easter*
Diwali	*Divali*
Weihnachten	*Christmas*
Heiligabend	*Christmas Eve*
Bescherung	*Giving out of Christmas presents*
Silvester	*New Year's Eve*
Geburtstag	*birthday*

8.1 Mein Wohnort

- Describe where you live
- Say whether or not you like living there

▶ Los geht's!

Was passt zusammen?

1 in einer Großstadt
2 auf dem Land
3 in einem Dorf
4 an der Küste
5 in einer Stadt
6 in den Bergen

a  b   c

d  e  f

1a Lies die Texte. Wähl die richtigen Bilder unten für jede Stadt.

Beispiel: Tübingen c, …

Tanja

Ich wohne in **Tübingen** in Südwestdeutschland. Tübingen ist eine alte und historische Stadt. Tübingen hat eine große Universität und es gibt viele Studenten hier. Tübingen hat auch ein Sportzentrum, ein Kino und ein Theater. Ich wohne gern in Tübingen, weil es viel zu tun gibt.

Thomas

Ich wohne in **Travemünde** an der Ostseeküste. Ich kann im Sommer jeden Tag zum Strand gehen und das ist toll. Im Sommer gibt es auch viele Touristen. Und man kann hier viel machen, aber im Winter ist es ein bisschen langweilig. Ich kann aber im Park Fußball spielen oder ins Sportzentrum gehen.

Hannes

Ich wohne in **Garmisch-Partenkirchen** in den Bergen in Süddeutschland. Ich wohne sehr gern hier. Im Winter kann ich Ski fahren, das ist mein Lieblingssport. Im Sommer scheint oft die Sonne und ich gehe ins Freibad oder gehe wandern. In Garmisch gibt es auch ein Kino, eine Eisbahn und viele tollen Cafés. Ich finde Garmisch einfach super!

a  b  c  d  e

f   g  h  i   j

1b Sieh dir die Städte **A**, **B** und **C** an. Welche ist Travemünde, Garmisch und Tübingen?

 2 Wie sind diese Wohnorte (1–4)? Hör gut zu und füll die Tabelle aus.

Wo?	Was gibt es?	Meinung
1 *Berlin*	*Museen, ...*	
2		
3		
4		

Berlin

Düsseldorf

München

Lindau

Innsbruck

3 Partnerarbeit. **A** beschreibt eine Stadt von der Karte. **B** nennt die Stadt.

Beispiel: A: *Meine Stadt ist in den Bergen.*
  Man kann Ski fahren.
  B: *Das ist Innsbruck.*
  A: *Richtig.*

4 Wie ist deine Stadt? Wohnst du gern dort? Schreib die Sätze zu Ende.

Meine Stadt heißt _____ und sie

liegt _____ .

Es gibt _____.

Man kann _____.

Ich wohne (nicht) gern hier, weil _____

_____ .

Grammatik im Fokus / **Adjectives and the accusative**
➡ 159

m.	Es gibt einen schön**en** Park.	(+ en)
f.	Es gibt eine klein**e** Sparkasse.	(+ e)
n.	Es gibt ein neu**es** Krankenhaus.	(+ es)

Singular	Plural
m. Es gibt einen Park.	➡ Es gibt viele Parks.
f. Es gibt eine Tankstelle.	➡ Es gibt große Tankstellen.
n. Es gibt ein Geschäft.	➡ Es gibt schöne Geschäfte.

1 Sara beschreibt ihre Stadt. Kopiere ihren Brief und füll die Lücken aus.

Ich wohne in Bocholt. Es gibt einen interessant___ Park, ein modern___ Krankenhaus und ein neu___ Einkaufszentrum in der Stadt. Es gibt auch viel___ Geschäfte und ein groß___ Hotel. Und es gibt einen klein___ Zoo, alt___ Gebäude und ein schön___ Fußballstadion!

■ Ziel

A Was gibt es in deiner Stadt? Was kann man machen? Schreib zwei Listen.

B Wohnst du gern oder nicht gern in deiner Stadt? Warum? Schreib fünf Sätze mit *weil*.

C Deine Stadt hat eine neue Webseite und macht eine Umfrage: ‚Wohnst du gern hier? Warum (nicht)?' Schreib eine E-Mail an deine Stadt.

8.2 Stadt oder Land?

- Discuss the differences between town and country
- Say where you prefer to live

▶ Los geht's!

Was passt zusammen?

a **Es gibt kein Jugendzentrum.**

b **Es ist sehr ruhig – es gibt keinen Lärm.**

c **Es gibt viel Natur und viele Tiere.**

d **Es gibt keine Disco.**

e **Es gibt viel Umweltverschmutzung.**

f **Es ist sehr langweilig.**

g **Es gibt zu viel Verkehr.**

h **Es ist zu hektisch.**

i **Es ist immer etwas los.**

1 There is no disco.

2 There is too much traffic.

3 There is a lot to do.

4 It is very peaceful and there is no noise.

5 There is no youth club.

6 It is too hectic.

7 You are in nature and there are many animals.

8 It is very boring.

9 There is a lot of pollution.

HÖREN 1 Was sagen diese Jugendlichen (1–4)? Hör gut zu und schreib die passenden Buchstaben oben links auf.
Beispiel: 1 i, …

SCHREIBEN 2b Schreib die Sätze zu Ende.

1 Man kann _____ gehen.
2 Man kann auf der Alster _____ .
3 In Hamburg ist immer etwas _____ .
4 Ute findet, es gibt zu viel _____ .
5 Sie möchte aber nicht _____ .
6 Utes Oma wohnt auf _____ .
7 Ute findet das Land _____ .
8 Ute findet das Leben auf dem Land _____ .

LESEN 2a Lies die E-Mail von Janas Brieffreundin Ute.

Nachricht

Hallo, Jana! Wie geht's? Ich möchte dich einladen, mich in Hamburg zu besuchen. Vielleicht kannst du in den Sommerferien kommen? Hier in Hamburg können wir viel zusammen machen. Es gibt viele Geschäfte und wir können einkaufen gehen. Wir können auch auf der Alster segeln oder vielleicht auf ein Rockkonzert gehen. Ich finde Hamburg toll, weil hier immer etwas los ist. Es ist manchmal hektisch und es gibt zu viel Verkehr, aber ich möchte nicht in einer kleinen Stadt wohnen. Hamburg ist auch sehr grün – es gibt viele Parks und die Umweltverschmutzung ist nicht zu schlecht.

   Kannst du im August kommen? Im Juli besuche ich immer meine Oma. Sie wohnt in einem kleinen Dorf auf dem Land in der Nähe von Hannover. Ich besuche gern meine Oma – es ist sehr schön und ruhig auf dem Land. Aber ich möchte nicht dort wohnen. Es gibt weder ein Jugendzentrum noch eine Disco. Meiner Meinung nach ist das Leben auf dem Land ein bisschen langweilig.
Schreib mir bald!
Deine Ute

3 Partnerarbeit. **A** ist für das Leben auf dem Land, **B** ist für die Stadt. Macht Dialoge. Benutze die Vokabeln vom **Lerntipp**.

Beispiel: **A** *Ich wohne gern auf dem Land, weil es ruhig ist.*
B *Das stimmt – aber es ist auch langweilig. Ich wohne nicht gern auf dem Land, weil …*

 **Negatives** ➡ **166**

- To make a verb negative (to say you don't do something), use *nicht*:
  Auf dem Land kann man nicht in die Disco gehen. In the countryside you can't go to a disco.
- To make a noun negative, use *kein/keine*, etc.
  Es gibt keine Disco. There is no disco.

1 Wähl die richtige Antwort.

1 Hier kann man (nicht/kein) segeln gehen.
2 Es gibt (nicht/keine) Eisbahn.
3 Auf dem Land gibt es (nicht/keinen) Verkehr.
4 Es gibt hier (nicht/keine) Umweltverschmutzung.
5 Ich gehe (nicht/kein) sehr oft einkaufen.

Lerntipp

Giving opinions

There are a number of ways to give your opinion in German:
Ich wohne (nicht gern) hier, weil … I (don't) like living here, because …
Ich finde es (toll). Ich meine, es ist (toll). I think it's (great).
Meiner Meinung nach ist es (langweilig). In my opinion it is (boring).

1 Look at Ute's e-mail on page 110. Find examples of different ways she gives her opinion.

2 Write two sentences about life in the town/country using the phrases below.

Das ist richtig! · *Ja, das stimmt!* · *Das finde/glaube ich auch!/Ich auch!* · *Aber es ist/gibt auch …* · *Das ist falsch!* · *Nein, das stimmt nicht!* · *Das finde/glaube ich nicht!/Ich nicht!* · *Aber es ist/gibt/nicht/keine/n …*

weder … noch

- This is a more complex negative form and means 'neither … nor'.
  *Es gibt **weder** eine Disco **noch** ein Jugendzentrum.* There is **neither** a disco **nor** a youth club.

2 Schreib drei Sätze mit *weder … noch*.

4 Schreib ein Werbeplakat für ein Jugendzentrum auf dem Land oder in der Stadt: ‚Ich wohne gern auf dem Land/in der Stadt, weil …' Wie viele Sätze kannst du schreiben?

■ **Ziel**

A Schreib die Sätze zu Ende.
Ich wohne (nicht) gern auf dem Land, weil…

1  2

Ich wohne (nicht) gern in der Stadt, weil…

3  4

B Was gibt es nicht? Schreib Sätze mit *keinen/keine/kein* oder mit *weder … noch*.

a  b

c  d

C Was gibt es nicht, wo du wohnst? Was kann man nicht machen? Schreib zehn Sätze.

8.3 | Was ist Umwelt?

- Discuss different environmental problems
- Discuss which are the most serious problems

▶ **Los geht's!**

Was ist Umwelt? Hör gut zu und finde die richtige Reihenfolge für die Bilder.
Beispiel: n, ...

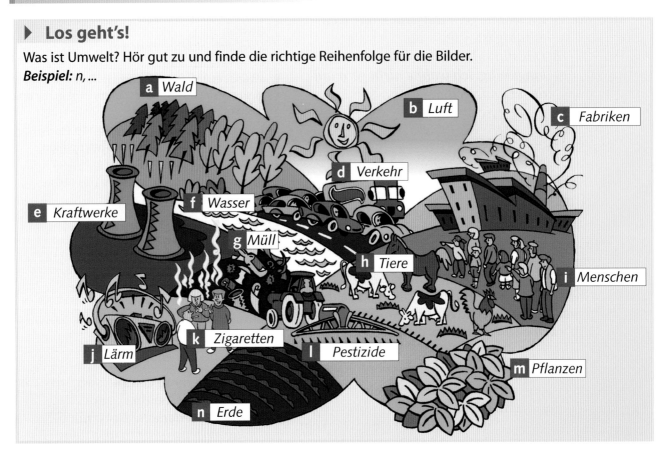

a Wald
b Luft
c Fabriken
d Verkehr
e Kraftwerke
f Wasser
g Müll
h Tiere
i Menschen
j Lärm
k Zigaretten
l Pestizide
m Pflanzen
n Erde

HÖREN 1 Probleme für die Umwelt. Hör gut zu und füll die Lücken aus.

> Ich finde, (1)_____ ist schlimmer als
> (2)_____ . (3)_____ sind am
> schlimmsten – sie sind sehr gefährlich für die Umwelt!
> **Marieke, 15**

> (4)_____ sind umweltfeindlicher als Müll,
> denke ich. Aber (5)_____ sind am
> umweltfeindlichsten – für (6)_____,
> (7)_____ und (8)_____.
> **Thomas, 16**

> Ich glaube, (9)_____ sind gefährlicher als
> (10)_____. Und was ist am gefährlichsten?
> (11)_____ – sie sind das größte Problem.
> **Anne, 14**

Hilfe

Was ist das größte Problem?
Ich finde/glaube/denke, ...
... ist/sind das größte Problem.
... ist am gefährlichsten/schlimmsten/
    umweltfeindlichsten.
... ist gefährlicher/schlimmer/
    umweltfeindlicher als ...

 **Making comparisons**

➡ 160

If you want to compare one thing with another, you add -*er* and *als* to the adjective. If you want to say something is 'the most ...', you add *am* and -*sten* to the adjective:

> Zigaretten sind gefährlic**her als** Lärm.
> Fabriken sind **am** gefährlich**sten**.

If there is another noun with the adjective, you add the article and -*ste* to the adjective:

> Müll ist das größte Problem.
> Fabriken sind das schlimm**ste** Problem.

1 Lies die Texte in Übung 1. Finde alle Sätze mit ...*er als* und *am ...sten* und schreib zwei Listen.

2 Schreib Sätze.
Beispiel: 1 Verkehr ist schlimmer als Müll. Aber Lärm ist am schlimmsten.

1 schlimm: Verkehr → Müll → Lärm
2 gefährlich: Zigaretten → Fabriken → Kraftwerke
3 umweltfeindlich: Müll → Lärm → Verkehr
4 schlecht: Zigaretten → Pestizide → Fabriken

 2 Was glauben Kathi, Markus, Cedi und Jana? Lies die Texte und sieh dir die Bilder auf Seite 112 an. Füll die Tabelle rechts aus.

	Kathi	Markus	Cedi	Jana
das größte Problem	d			
schlimm				
nicht so gefährlich				

> **Kathi** Ich finde, Verkehr ist das größte Problem. Verkehr ist schlimmer als Müll, aber Müll ist auch ein großes Problem. Müll ist viel gefährlicher als Zigaretten.

> **Markus** Ich meine, Fabriken sind viel umweltfeindlicher als Verkehr – Verkehr ist nicht so schlimm. Aber Kraftwerke sind am gefährlichsten, glaube ich.

> **Cedi** Pestizide sind das schlimmste Problem – ja, Pestizide. Und Zigaretten – Zigaretten sind schlimmer als Lärm oder Müll. Zigaretten sind total ungesund.

> **Jana** Ich finde Lärm, ist am umweltfeindlichsten. Kraftwerke sind auch schlimm – sie sind gefährlicher als Zigaretten, glaube ich.

 3 Was glaubst du? Mach Notizen.
Beispiel:
das größte Problem: Lärm
schlimm: Müll
nicht so gefährlich: Fabriken, Zigaretten

4 Was denken andere Schüler? Mach eine Umfrage.

■ **Ziel**

A Welche Umweltprobleme sind das?
1 _ _ _m
2 _e_ _ _z_ _ _
3 _ _g_ _ _ _ _ _ _
4 _ _ _ft_ _ _ _ _
5 _ _ _ _eh_

B Macht Dialoge mit deinen Notizen von Übung 3.
Beispiel: A Was ist das größte Problem für die Umwelt?
B Ich glaube, Lärm ist das größte Problem. Fabriken und Zigaretten sind nicht so gefährlich. Müll ist aber schlimmer.

C Was ist das größte Problem für die Umwelt? Schreib eine E-Mail mit deinen Notizen von Übung 3.

Ich bin umweltfreundlich

■ Say what you do to protect the environment
■ Say what you will do in the future for the environment

▶ **Los geht's!**

Hör gut zu und finde die richtige Reihenfolge für die Fotos.

Beispiel: c, ...

a Ich kaufe Recyclingpapier.

b Ich kaufe Cola in Dosen.

c Ich fahre mit dem Rad.

d Ich nehme Plastiktüten.

e Ich bringe Flaschen zum Altglascontainer.

f Ich trenne meinen Müll.

g Ich bringe Altpapier zum Altpapiercontainer.

h Ich bade jeden Tag.

i Ich fahre mit dem Auto.

j Ich trenne meinen Müll nicht.

1a Was ist umweltfreundlich ✔ und was ist umweltfeindlich ✘? Was glaubst du? Lies noch einmal die Sätze oben und schreib zwei Listen.

Beispiel:

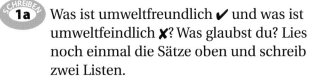

umweltfreundlich	umweltfeindlich
Ich kaufe Recyclingpapier.	Ich nehme Plastiktüten.

1b Partnerarbeit. Ist alles richtig? Macht Dialoge.

Beispiel:

A Was ist gut für die Umwelt – was glaubst du?
B Ich kaufe Recyclingpapier. Das ist umweltfreundlich!

2a Schreib ein Umwelttagebuch: Was machst du immer, oft, manchmal, selten oder nie?

Beispiel: Ich kaufe immer Recyclingpapier.

2b Mach eine Umfrage in der Klasse: ,Was machst du wie oft?' Schreib die Resultate auf (z. B. mit dem Computer).

Beispiel: Ich nehme immer Plastiktüten. (3 Schüler/Schülerinnen)

3a Lies den Text. Was machen Markus, Jana, Cedi und Kathi? Was werden sie machen? Füll die Tabelle aus. Benutze die Bilder auf Seite 114.

	umweltfreundlich	umweltfeindlich	in der Zukunft
Markus	*a, ...*		
Jana			
Cedi			
Kathi			

Jana: Was machst du für die Umwelt, Markus?

Markus: Ich kaufe Recyclingpapier und ich bringe Flaschen zum Altglascontainer, aber ich werde mehr machen. Ich fahre oft mit dem Auto zur Schule, und das ist sehr umweltfeindlich. Ich werde mit dem Rad fahren oder zu Fuß gehen. Und du, Jana?

Jana: Ich dusche jeden Morgen, ich bade sehr selten und ich trenne meinen Müll. Aber ich nehme immer Plastiktüten im Supermarkt. Ich werde jetzt Tüten aus Stoff nehmen. Und du, Cedi?

Cedi: Ich fahre mit dem Rad zur Schule und ich kaufe Limonade und Cola in Recyclingdosen. Aber ich kaufe immer neues weißes Papier für die Schule. Ich werde jetzt Recyclingpapier kaufen. Und du, Kathi?

Kathi: Ich gehe zu Fuß zur Schule, aber das ist alles. Ich bin nicht sehr umweltfreundlich. Ich bringe Flaschen zum Müll und ich trenne meinen Müll nicht. Ich werde jetzt Flaschen zum Altglascontainer bringen, Müll trennen und Altpapier zum Altpapiercontainer bringen.

Wiederholung   Futur

Ich kaufe Recyclingpapier.
➡ *Ich werde Recyclingpapier kaufen.*

3b Was machst du jetzt für die Umwelt? Was wirst du machen? Schreib zwei Listen.

jetzt	in der Zukunft
Ich bringe Altpapier zum Altpapiercontainer.	Ich werde meinen Müll trennen.

■ Ziel

A Was machst du für die Umwelt? Füll die Lücken aus.

1 Ich k_ _ _ _ R_ _y_ _ _ng_ _ _ _ _ _ .
2 Ich _ _e_ _e m_ _ _ _ _ _ _ _l.
3 Ich g_ _ _ _ _ _u_ .

B Macht ein Umweltplakat: Was ist umweltfreundlich – und was ist umweltfeindlich? Zeichnet Bilder und schreibt die Wörter auf.

Beispiel:

umweltfreundlich: Limonade in Recyclingflaschen
umweltfeindlich: Plastiktüten

C Was ist umweltfreundlich und umweltfeindlich? Schreibt eine Broschüre für die Umweltgruppe ‚Grüne Jugend'.

Beispiel:

Was ist umweltfreundlich?
Man fährt mit dem Rad.
Man nimmt Stofftüten.

Die Klasse! – Clique

Markus: Hast du gute Noten, Cedi?
Cedi: Nicht schlecht. Und du, Kathi?
Kathi: Ich auch. Und Jana hat auch gute Noten – sie hat Nachhilfe in Deutsch bekommen und hat jetzt eine 3.
Markus: Was?!

Kathi: Jana, eine 3 in Deutsch! Toll!
Jana: Ja, ich möchte feiern. Möchtest du zur Eisbahn gehen?
Kathi: Ich kann nicht. Ich bringe jetzt Flaschen zum Altglascontainer.

Kathi: Aber wir können später ins Eiscafé gehen.
Jana: Klasse!
Kathi: Gut. Wir treffen uns um vier am Eiscafé.

Markus: Keine Hausaufgaben heute! Cedi, möchtest du ins Sportzentrum gehen?
Cedi: Ich kann nicht, Markus. Ich muss Altpapier zum Altpapiercontainer bringen.
Markus: Schade.

Cedi: Aber wir können später ins Eiscafé gehen.
Markus: Gute Idee! Wann treffen wir uns?
Cedi: Um vier Uhr am Eiscafé.

Markus: Jana!
Jana: Markus – nein!

1 Hör gut zu und lies mit.

2 Wie heißt das auf Deutsch?
　　1 Do you have good marks?
　　2 She has had extra tuition.
　　3 I'd like to celebrate.
　　4 What a pity.
　　5 later

3 Beantworte die Fragen auf Deutsch.
　　1 Wie sind Cedis Noten?
　　2 Welche Note hat Jana in Deutsch?
　　3 Warum kann Kathi nicht auf die Eisbahn gehen?
　　4 Wo und wann treffen sich Kathi und Jana?
　　5 Wohin möchte Markus gehen?
　　6 Warum kann Cedi nicht mit?

Lese-Spaß!

Umweltschutz in der Schule

Schule im Garten

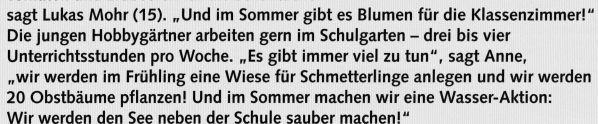

Montagmorgen, 3. Stunde: Die Klasse 8A der Limesschule in Idstein geht zum Unterricht – im neuen Schulgarten. „Unser Garten ist ein Jahr alt!", sagt Anne Kleinert (14).
„Hier war vorher nur Rasen und Erde!"
Jetzt gibt es hier Beete für Gemüse und Blumen und einen Garten für Kräuter.
„Wir pflanzen Zwiebeln, Kartoffeln, Tomaten und Erdbeeren für die Schulküche!" sagt Lukas Mohr (15). „Und im Sommer gibt es Blumen für die Klassenzimmer!"
Die jungen Hobbygärtner arbeiten gern im Schulgarten – drei bis vier Unterrichtsstunden pro Woche. „Es gibt immer viel zu tun", sagt Anne, „wir werden im Frühling eine Wiese für Schmetterlinge anlegen und wir werden 20 Obstbäume pflanzen! Und im Sommer machen wir eine Wasser-Aktion: Wir werden den See neben der Schule sauber machen!"

1a Finde diese Vokabeln auf Deutsch im Text.

1 lawn
2 earth
3 flower beds
4 herbs
5 to plant
6 school kitchen
7 meadow
8 butterflies
9 fruit trees
10 campaign
11 lake
12 to clean

1b Beantworte die Fragen auf Deutsch.

1 Wie alt ist der Schulgarten?
2 Was gibt es im Garten?
3 Was pflanzen die Schüler?
4 Was gibt es im Sommer?
5 Wie lange sind die Schüler jede Woche im Garten?
6 Was werden sie im Frühling machen?
7 Was werden sie im Sommer machen?

Grammatik

Adjectives and accusative case

1 Was gibt es in Alpstadt?

Beispiel: Es gibt einen großen Park, ...

a
groß

b
modern

c
klein

d
schön

e
toll

f
interessant

g
alt

h
neu

Negatives

2a Was gibt es nicht in Alpstadt? Schreib Sätze mit *keinen/keine/kein*.

Beispiel: Es gibt kein Theater.

a

b

c

d

e

f

g

h

2b Jetzt schreib Sätze mit *weder ... noch* auf.
Beispiel: Es gibt weder ein Theater noch ein Kino.

Making comparisons

3 Füll die Lücken aus.

1 Pestizide sind _____ als Zigaretten, aber Verkehr ist am _____ (gefährlich).

2 Müll ist _____ als Lärm, aber Verkehr ist am _____(schlimm).

3 Fabriken sind _____ als Autos, aber Pestizide sind am _____(umweltfeindlich).

4 Lärm ist _____ als Zigaretten, aber _____ ist/sind am _____ (schlecht).

The future tense

4 Schreib diese Sätze im Futur auf.

1 Ich fahre mit dem Rad.
2 Sie bringt Flaschen zum Altglascontainer.
3 Sie trennen ihren Müll.
4 Ich nehme Tüten aus Stoff.
5 Wir kaufen Recyclingpapier.
6 Er duscht jeden Morgen.

⭐ describe where you live?
Ich wohne in einer Stadt an der Küste.

⭐ say what there is in your town and what you can do there?
Es gibt einen Strand. Im Sommer kann man segeln und im See schwimmen.

⭐ say if you like living there and why?
Ich wohne gern hier, weil man viel machen kann.

⭐ talk about the differences between the town and the country?
In der Stadt ist es sehr hektisch. Auf dem Land gibt es keine Umweltverschmutzung.

⭐ say where you prefer to live and why?
Ich wohne lieber auf dem Land, weil es ruhig ist.

⭐ name different environmental problems?
Pestizide, Lärm, Verkehr, …

⭐ say which environmental problems you consider to be more serious?
Zigaretten sind gefährlicher als Lärm, aber Pestizide sind am gefährlichsten.

⭐ say what you currently do for the environment?
Ich trenne meinen Müll und ich kaufe Recyclingpapier.

⭐ say what you will do in the future?
Ich werde Flaschen zum Altglascontainer bringen.

Du bist dran!

1   Macht eine Umweltschutz-Aktion in der Schule!

    a   Was wollt ihr machen? Was ist wichtig? Schreibt einen Plan.

    b   Was braucht ihr für die Aktion? Schreibt eine Liste.

    c   Wann macht ihr die Aktion? Fragt euren Lehrer/eure Lehrerin und schreibt ein Einladungsposter.

Große Umweltaktion:
Wir räumen den Schulhof auf!
Bitte kommt alle und macht mit!

Wann?
Am Freitag, den 17. Mai, um 14 Uhr
Wo?
Auf dem Schulhof (neben dem Lehrerzimmer)

Mein Wohnort — The place where I live

Ich wohne …	I live …
in einer Großstadt/	in a city/
auf dem Land/	in the country/
in einem Dorf/	in a village/
an der Küste/	on the coast/
in einer Stadt/	in a town/
in den Bergen.	in the mountains.
Ich wohne gern hier, weil man Ski fahren kann.	I like living here because you can go skiing.
Ich wohne nicht gern hier, weil es viel Industrie gibt.	I don't like living here because there is a lot of industry.

Stadt oder Land — Town or country

Es gibt kein Jugendzentrum.	There is no youth club.
Es gibt viel Natur und viele Tiere.	You are in nature and there are many animals.
Es ist sehr ruhig – es gibt keinen Lärm.	It is very peaceful – there is no noise.
Es gibt keine Disco.	There is no disco.
Es gibt viel Umweltverschmutzung.	There is a lot of pollution.
Es ist sehr langweilig.	It is very boring.
Es gibt zu viel Verkehr.	There is too much traffic.
Es ist zu hektisch.	It is too hectic.
Man kann viel machen.	There is a lot to do.
Man kann nicht segeln.	You can't go sailing.
Es gibt weder ein Theater noch ein Kino.	There is neither a theatre nor a cinema.

Was ist Umwelt? — What is environment?

der Wald	forest
die Luft	air
die Fabriken	factories
der Verkehr	traffic
die Kraftwerke	power stations
der Müll	rubbish
der Lärm	noise
die Pestizide	pesticides
die Menschen	people
die Pflanzen	plants
die Zigaretten	cigarettes
die Erde	earth
Fabriken sind am gefährlichsten.	Factories are the most dangerous.
Müll ist das größte Problem.	Rubbish is the biggest problem.

Ich bin umweltfreundlich. — I care about the environment.

Ich kaufe Recyclingpapier.	I buy recycled paper.
Ich kaufe Cola in Dosen.	I buy cola in cans.
Ich fahre mit dem Rad.	I go by bike.
Ich bringe Flaschen zum Altglascontainer.	I take bottles to the bottle bank.
Ich trenne meinen Müll.	I separate my rubbish.
Ich bringe Altpapier zum Altpapier-container.	I take paper to the paper bank.
Ich dusche jeden Morgen.	I shower every morning.
Ich nehme Tüten aus Stoff.	I use cloth bags.
Ich werde jeden Morgen duschen.	I will shower every morning.
Ich werde meinen Müll trennen.	I will separate my rubbish.

Ich bin nicht umweltfreundlich. — I do not care about the environment.

Ich nehme Plastiktüten.	I use plastic bags.
Ich bade jeden Tag.	I bath every day.
Ich fahre mit dem Auto.	I travel by car.

9.1 Wir fahren nach Berlin

■ Say what you are going to see and do during a visit to Berlin

▶ **Los geht's!**

Wie fährst du in die Stadt? Füll die Lücken aus.

1 mit de_ A_to
2 mit d_ _ Z_ _
3 mit de_ U-B_ _n
4 mit d_ _ R_ _
5 mit d_r Str_ß_ _b_ _ _
6 mit d_ _ B_ _

1a Lies den Dialog. Was wollen Jana, Cedi, Kathi und Markus in Berlin machen? Finde die passenden Bilder für sie.

Beispiel: Jana – d, …

g h i

a c e j k l

b d f m n

Cedi: Was möchtest du in Berlin machen, Jana?
Jana: Ich möchte einen Einkaufsbummel machen – auf dem Kudamm. Dort gibt es tolle Geschäfte! Und ich will ins Theater gehen. Ich möchte auch viele Sehenswürdigkeiten besichtigen: die Gedächtniskirche, den Fernsehturm … Und du, Cedi? Was willst du machen?
Cedi: Also, ich will ins Museum gehen. Im Osten von Berlin sind viele Museen. Ich möchte auch eine Stadtrundfahrt machen – mit dem Bus.
Kathi: Ja, super Idee! Ich möchte einen Ausflug machen – einen Ausflug in den Grunewald. Und ich möchte im Wannsee schwimmen! Wir können auch eine Schifffahrt machen – auf dem Wannsee oder auf der Spree! Ja, und ich will abends in die Disco gehen! Markus, was möchtest du in Berlin machen?
Markus: Ich? Ich möchte in einen Freizeitpark gehen! Und ich möchte Souvenirs kaufen – für meine Familie, und ich will zu einem Open-Air-Konzert im Tiergarten gehen.
Jana: He, super! Und dort können wir Eis essen …
Cedi: Ja, und Cola trinken …

1b Hör jetzt gut zu. Was möchten sie nicht in Berlin machen – und warum nicht? Finde die passenden Bilder in Übung 1a.

Beispiel: a – nicht interessant

1c Partnerarbeit. Was möchtest du in Berlin machen? A fragt B, was er/sie machen will. B wählt sechs Bilder von Übung 1a. Dann ist A dran.

Beispiel: A Was möchtest du in Berlin machen?
B Ich will in die Disco gehen.
A Nein, das ist langweilig! Ich möchte …

2a Was werden Jana, Cedi, Kathi und Markus in Berlin machen? Hör gut zu und finde die passende Reihenfolge für die Bilder.

Beispiel: d, …

a   b   c   d   e   f

2b Hör noch einmal gut zu und lies die Sätze. Sind sie richtig oder falsch?

1 Das Brandenburger Tor ist in Berlin.
2 Man kann auf der Spree nicht mit dem Schiff fahren.
3 Die Lollipops spielen auf einem Konzert im Tiergarten.
4 Markus will in Berlin einen Bären kaufen.
5 Der Grunewald ist im Norden von Berlin.
6 Man kann keine Stadtrundfahrt mit dem Bus machen.

Wiederholung   Modalverben + Futur

Ich gehe ins Kino.	Ich möchte ins Kino gehen.
Ich esse ein Eis.	Ich will ein Eis essen.
Ich fahre mit dem Bus.	Ich kann mit dem Bus fahren.
Wir trinken Limonade.	Wir wollen Limonade trinken.

 Hilfe

Was möchtest/willst du in … machen?
Was werden wir in … machen?
Ich will	Sehenswürdigkeiten/die Stadt besichtigen.
Ich möchte	eine Schifffahrt/Stadtrundfahrt/einen Ausflug/Einkaufsbummel/Spaziergang machen.
Wir können	ins Museum/in die Stadt/in die Disco gehen.
Wir werden	in den Freizeitpark/zu einem Konzert gehen. im Wannsee schwimmen/Souvenirs kaufen. Eis essen/Limonade trinken.

Ja/Nein, das ist (nicht) interessant/langweilig/super/zu kalt.

 Kultur

Berlin

- Berlin ist seit 1990 die Hauptstadt Deutschlands.
- Berlin hat 3.5 Millionen Einwohner.
- Berlin ist 889 km² groß.
- Die Stadt liegt an den Flüssen Spree und Havel.
- Berlin ist über 800 Jahre alt.

1 Explain these facts in English.
2 What else do you know about Berlin?

■ Ziel

A Du bist dran! Schreib einen Berlin-Plan mit den Bildern von Übung 1a.

Beispiel: 1. Samstagmorgen – Stadtrundfahrt

B Was willst/möchtest du in Berlin machen? Schreib sechs Sätze.

Beispiel: Ich will eine Stadtrundfahrt machen. Ich möchte auch …

C Du bist am Wochenende in Berlin. Was machst du wann – und warum? Schreib einen Bericht.

Beispiel: Am Samstagmorgen will ich einen Einkaufsbummel machen, weil es in Berlin tolle Geschäfte gibt. Und mittags möchte ich …

9.2 | Wie war Berlin?

- Describe a visit to Berlin
- Say how it was

▶ Los geht's!

Lies die Texte in Übung 1a. Ratespiel – wie heißt das auf Englisch?

1 Wir wollten ein Picknick machen.

   a We wanted to have a picnic.

   b We're going to have a picnic.

2 Wir konnten viel lernen.

   a We cannot learn a lot.

   b We could learn a lot.

LESEN

1a Lies das Tagebuch und füll die Lücken mit den passenden Perfekt-Partizipen aus.

geblieben	gespielt	gegangen	gemacht
besucht	gegessen	gekauft	besichtigt
getrunken	getroffen	geregnet	gefahren

Montag, 6. Juni

Wir haben heute die Stadt (1)____: wir waren beim Brandenburger Tor, und wir sind zu Fuß zum Alexanderplatz (2)____. Dort waren wir auf dem Fernsehturm – er ist 368 Meter hoch! Danach haben wir eine Stadtrundfahrt (3)____ – mit einem großen gelben Doppeldecker-Bus!

Dienstag, 7. Juni

Kathi und ich haben heute Morgen einen Einkaufsbummel gemacht! Ich hatte 40 Euro von meiner Oma, und ich habe davon ein super T-Shirt und eine Geldbörse (4) ____. Danach sind wir mit dem Bus zum KaDeWe (5)____ – das ist das größte Kaufhaus in Deutschland!

Mittwoch, 8. Juni

Wir haben einen Ausflug nach Potsdam gemacht! Wir sind mit dem Zug gefahren und sind bis mittags in Potsdam (6)____. Wir wollten ein Picknick machen, aber es hat (7)____ … Wir haben in einem Café Kakao (8)____ und Pizza und Apfelkuchen (9)____ .

Donnerstag, 9. Juni

Heute waren wir auf dem Kudamm. Vor der Gedächtniskirche haben Markus, Cedi und Jana Basketball (10)____. Wir haben Jugendliche aus verschiedenen Ländern (11)____. Sie waren alle sehr nett! Am Nachmittag haben wir den Reichstag (12)____. Dort konnten wir viel über die Berliner Geschichte lernen.

HÖREN

1b Ist alles richtig? Hör gut zu.

SPRECHEN

1c Partnerarbeit. A fragt, B antwortet. Dann ist A dran.

Beispiel:
A Was habt ihr am 6. Juni gemacht?
B Wir haben …

SCHREIBEN

2 Was haben Jana, Cedi, Kathi und Markus am Wochenende in Berlin gemacht? Schreib das Tagebuch mit den Informationen unten zu Ende.

Beispiel: Am Freitagabend waren wir in der Disco, und wir haben …

Freitagabend	Samstag	Sonntag
	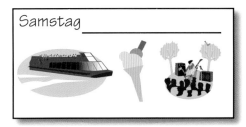	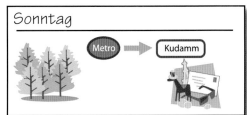

Grammatik im Fokus / Modal verbs in the imperfect   ➡ 165

If you want to use modal verbs in the past tense, you use the imperfect tense of those verbs.

können (*to be able to/can*)

Ich kann ins Theater gehen.   ➡   Ich konnte ins Theater gehen.

Wir können in die Stadt fahren.   ➡   Wir konnten in die Stadt fahren.

Er/Sie kann nicht tanzen.   ➡   Er/Sie konnte nicht tanzen.

wollen (*to want to*)

Ich will einen Ausflug machen.   ➡   Ich wollte einen Ausflug machen.

Wir wollen ein Eis kaufen.   ➡   Wir wollten ein Eis kaufen.

Er/Sie will kein Museum besuchen.   ➡   Er/Sie wollte kein Museum besuchen.

1 Schreib neue Imperfekt-Sätze für die Sätze im Präsens.

1 Wir wollen eine Stadtrundfahrt machen.
2 Thomas kann mit dem Bus fahren.
3 Ich will nicht ins Theater gehen.
4 Wir können die Stadt besichtigen.
5 Susi will Souvenirs kaufen.
6 Ich kann ein Eis essen.

3 Was hat ihnen in Berlin am besten/nicht gefallen? Hör gut zu und füll die Tabelle aus.

	a	b	c	d	e	f Potsdam	g Reichstag	h
Cedi			am besten		nicht			
Jana								
Markus								
Kathi								

■ Ziel

A Du bist dran! Schreib eine Postkarte aus Berlin!
• Was hast du gemacht?
• Wie/Wohin bist du gefahren?
• Was hast du gekauft/gegessen/getrunken?
• Was hat dir am besten gefallen – und warum?
• Was hat dir nicht gefallen – und warum nicht?

B Beschreib eine andere Klassenfahrt/andere Ferien. (Beantworte die Fragen von Übung A).

Beispiel: Wir sind nach Bayreuth gefahren …

C Erkläre deinem Partner/deiner Partnerin das Perfekt und das Imperfekt:

1 What's a past participle? What are its characteristics?
2 Which verbs have *haben* or *sein* + participle?
3 Which verbs take the simple past (*Imperfekt*)?
4 How do you form the simple past (*Imperfekt*) of modal verbs?

9.3 Wir wollen nach Wien fahren

- Plan a trip to Vienna
- Write a formal letter requesting information

> ## ▶ Los geht's!

Lies die Wörter. Was passt nicht – und warum nicht?

1 a Deutschland	b die Schweiz	c Frankreich	d Österreich
2 a geflogen	b zu Fuß gegangen	c mit dem Auto gefahren	d mit dem Zug gefahren
3 a Berlin	b Zürich	c Wien	d Madrid
4 a in einem Einfamilienhaus	b in einem Zelt	c in einem Wohnwagen	d in einer Ferienwohnung

LESEN 1a Markus und Cedi wollen in den Herbstferien nach Wien fahren. Sie suchen im Internet Informationen (www.wien.at).
Was brauchen sie? Sieh dir die Liste unten an und finde die passenden Bilder.

Beispiel: 1d

Sie brauchen …
1 eine Liste von Campingplätzen
2 einen Stadtplan
3 eine Liste von Jugendherbergen
4 eine Broschüre über die Stadt
5 eine Hotelliste
6 einen Fahrplan
7 eine Liste von Restaurants.

a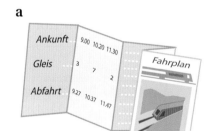

b

c

d

e

f

g

HÖREN 1b Ist alles richtig? Hör gut zu.

SPRECHEN 1c Partnerarbeit. Du willst mit deinem Partner nach Wien fahren. Was braucht ihr alles? Macht Dialoge.

Beispiel: A Also, was brauchen wir?
B Wir brauchen eine Liste von …

2a Markus schreibt an das Fremdenverkehrsamt in Wien. Lies den Brief und füll die Lücken aus.

Hollfeld, 23. August

Sehr geehrte Damen und Herren,

wir möchten vom 8. bis 10. Oktober Wien besuchen.

Was kann man alles in Wien machen? Gibt es viele

Sehenswürdigkeiten? Wir hätten gern eine (a) .

Wir möchten auch gern eine (b) und eine

(c) . Haben Sie auch eine (d) ?

Wir hätten auch gern einen (e) und eine

(f) . Und wir möchten gern einen (g) .

Vielen Dank im Voraus für Ihre Hilfe.

Mit freundlichen Grüßen

Markus Clausen

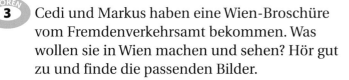

Lerntipp

Writing formal letters

- Put your town and the date in the top right-hand corner.
- Begin your letter with *Sehr geehrte Damen und Herren*, followed by a comma.
- If you know the person's name, use it, e.g. *Sehr geehrter Herr Müller, Sehr geehrte Frau Müller*.
- You should then begin the first line of the letter with a small letter (unless it's a noun).
- Always use the *Sie* form: *Haben Sie eine Liste von Hotels?*
- End your letter with: *Mit freundlichen Grüßen* and then your name.
- You can also add the following polite phrases before the end of the letter:

Vielen Dank im Voraus für Ihre Hilfe. (Many thanks in advance for your help.)
Ich freue mich auf eine baldige Antwort. (I look forward to hearing from you soon.)

2b Ist alles richtig? Hör gut zu.

3 Cedi und Markus haben eine Wien-Broschüre vom Fremdenverkehrsamt bekommen. Was wollen sie in Wien machen und sehen? Hör gut zu und finde die passenden Bilder.

Beispiel: b, …

c  d

e  f

g  h

a  b

■ Ziel

A Du willst Wien besuchen. Was willst du alles sehen? Was möchtest du alles machen? Schreib einen Plan.
Beispiel: Ich möchte eine Stadtrundfahrt machen. Ich will auch … .

B Du bist dran – schreib einen Brief an das Verkehrsamt in einer anderen Stadt in Österreich (Salzburg, Interlaken).

C Wie war Wien? Was hast du alles gesehen/gemacht? Schreib einen Bericht.
Beispiel: Ich habe ein Picknick im Wienerwald gemacht. Das war super!

9.4 Zürich

- Find out more about Zürich
- Plan and prepare a presentation

▶ Los geht's!

Lies die Broschüren-Texte über Zürich und finde die passenden Überschriften.

a Wetter und Natur
b Spaziergang durch Zürich
c Fakten und Zahlen
d Umweltschutz
e Sehenswürdigkeiten und Shopping

1

- Zürich ist im Nordosten der Schweiz.
- Zürich ist eine sehr alte Stadt – sie ist 2200 Jahre alt! Damals war ihr Name ‚Turicum'.
- Heute ist Zürich das Finanzzentrum der Schweiz: hier gibt es über 1000 Banken!
- Zürich ist die größte Stadt in der Schweiz: sie hat 1 150 000 Einwohner und ist 1730 km² groß.
- Jedes Jahr besuchen über 9 000 000 Touristen die Stadt.
- Die Stadt liegt an der Limmat und am Zürichsee.

2

In Zürich gibt es viel zu sehen und man kann viel machen! Es gibt über 50 Museen in der Stadt. Musik- und Kunstfreunde können in die Oper, ins Ballett oder ins Theater gehen. In der Bahnhofstraße kann man einen Einkaufsbummel machen. Dort gibt es große Kaufhäuser, teure Modegeschäfte, moderne Boutiquen, sehr viele Uhrengeschäfte – und Konditoreien: dort kann man die gute Zürcher Schokolade kaufen!

3

Von der Bahnhofstraße kann man zum Lindenhof gehen. Dieser kleine Park liegt über der Limmat und man kann von hier die Altstadt sehen – sie ist links und rechts der Limmat. Man sieht vom Park aus auch die drei großen Kirchen der Altstadt: St. Peter, das Fraumünster und das Großmünster. Wenn man die ‚In-Szene' Zürichs kennen lernen möchte, geht man am besten über eine der vielen Limmatbrücken ins Niederdorf rechts der Limmat: dort gibt es die modernsten Boutiquen, die besten Discos und die aktuellsten Bars, Cafés und Restaurants. Von dort kann man bis ans untere Ende der Limmat zu den Quaianlagen am Zürichsee gehen. Viele Touristen beenden hier ihren Ausflug in die Stadt: man kann hier schwimmen, eine Schifffahrt machen, segeln oder einen Spaziergang um den Zürichsee herum machen.

4

In Zürich und um Zürich herum gibt es viel Natur – und viele Berge! Man kann sie sehr gut von der Stadt sehen, wenn es nicht neblig ist oder nicht schneit. Ja, in Zürich ist es im Winter sehr kalt: es gibt oft Frost und es schneit sehr viel. Aber im Sommer ist es sehr schön und sonnig! Im Sommer wandern die Zürcher gern in den Bergen und Wäldern, und im Winter fahren sie gern Ski – oder gehen bergsteigen!

5

Zürich ist eine umweltfreundliche Stadt! Es gibt nicht viel Umweltverschmutzung. In der Schule lernen die Zürcher Jugendlichen sehr viel über die Umwelt. Sie – und natürlich auch die Erwachsenen – trennen ihren Müll und bringen ihre Flaschen zum Altglascontainer. Sie sammeln Altpapier und bringen es zum Altpapiercontainer. Sie kaufen fast immer Recyclingprodukte und sie nehmen Tüten aus Stoff und Papier. Sie fahren oft mit dem Rad durch ihre schöne Stadt.

LESEN
1 Lies die Texte noch einmal und finde auf Deutsch:

1 financial centre
2 lies on
3 art lovers
4 the opera
5 shopping trip
6 watchmakers' shops
7 to end
8 mountaineering
9 the whole of
10 adults
11 to collect
12 nearly always

SPRECHEN
2 Partnerarbeit. Erkläre deinem Partner/deiner Partnerin die Informationen und Zahlen in Text 1 auf Englisch.

SCHREIBEN
3 Beantworte die Fragen auf Deutsch.

1 Was kann man in der Bahnhofstraße machen?
2 Was ist der Lindenhof – und wo ist er?
3 Was kann man im Niederdorf machen?
4 Wo ist der Zürichsee?
5 Was machen Touristen am Zürichsee?
6 Wie ist das Wetter in Zürich?
7 Was kann man dort im Winter und im Sommer machen?
8 Was machen die Zürcher für die Umwelt?

HÖREN
4a Hör gut zu und finde die passende Reihenfolge für die Fragen.

Beispiel: 5, …
1 Wie alt ist Zürich?
2 Wie ist das Wetter?
3 Was gibt es alles in Zürich?
4 Wo liegt Zürich?
5 Wo ist Zürich?
6 Was kann man alles in Zürich machen?
7 Wie groß ist Zürich?

HÖREN
4b Hör noch einmal zu und mach Notizen für die Fragen in Übung 4a.

SPRECHEN
4c Partnerarbeit. Beantworte die Fragen in Übung 4a mit deinen Notizen von Übung 4b. **A** fängt an, dann ist **B** dran.

Beispiel: A Wo ist Zürich?
B Zürich ist …

Lerntipp

Doing a presentation

A Start with a list of questions you want to answer or a topic you want to address (see activity 4a).

B Note key words for each on a card.

C Practise expanding your notes into full sentences, speaking aloud, adding in as much detail as you can.

> *Zürich ist eine Stadt in der Schweiz. Sie ist im Nordosten.*

D Rehearse your presentation several times – in front of a mirror or with a partner if possible.

E Speak slowly, clearly and confidently, using your notes to remind you of what you want to say. Try to look at the audience, not at the cards.

■ **Ziel**

Mach eine Präsentation: Präsentiere eine Stadt deiner Wahl. Lies den **Lerntipp** und folge den Anleitungen.

A   Du sprichst eine Minute.
B   Du sprichst zwei Minuten.
C   Du sprichst drei Minuten oder länger.

9.5 Die Klasse! – Clique

Markus: Jana, warte! Bleib hier – bitte! Es – es tut mir Leid!

Markus: Steffi und ich …
Jana: Ja?
Markus: Da ist nichts. Steffi ist nicht meine Freundin.
Jana: Nein?? Aber du bist mit Steffi ins Kino gegangen – und ihr habt in der Disco getanzt …
Markus: Nein – nie! Aber ich habe dich und Lukas gesehen … na ja, und dann … Aber jetzt weiß ich: du hast von Lukas nur Nachhilfe bekommen!

Jana: O, Markus! Jetzt ist alles wieder gut!

Cedi: Meine Idee war super!
Kathi: Ja, Jana und Markus sind wieder Freunde …
Markus: … und wir können jetzt alle nach Berlin fahren!
Jana: Super!

Cedi: Ja, wir können die Stadt besichtigen …

Markus: … und einen Ausflug zum Wannsee machen!

Kathi: Ja, und Steffi kommt auch mit!

Jana & Markus: Steffi??

Kathi: Ja, sie hat einen Freund, der in Berlin wohnt!

1 Hör gut zu und lies mit.

2 Wie heißt das auf Deutsch?
1 stay here
2 there's nothing going on
3 now I know
4 again
5 who lives in Berlin

3 Finde die richtige Reihenfolge für die Sätze.
1 Sie machen einen Plan für Berlin.
2 Jana will wieder nach draußen gehen.
3 Jana und Markus sind wieder Freunde.
4 Jana weiß jetzt: Steffi ist nicht Markus' Freundin.
5 Cedi und Kathi kommen zum Café.
6 Markus entschuldigt sich bei Jana.

Lese-Spaß!

Berühmte Deutschsprachige

1 Füll die Lücken mit Wörtern aus dem Kasten!

Roger Federer ist die Nummer 1 des _____Herrentennis_____ ! Er ist 24 Jahre

_____ , 1.86 groß und wiegt _____ Kilo. Er hat

_____ dunkelbraune Haare und braune _____ und er wohnt

in Oberwil in der _____ . Seine Hobbys sind Sport (Golf,

_____ , und Ski), Freunde, Playstation und _____ . Sein

Lieblingsessen ist _____ mit Mozzarella und seine Lieblingsfarben sind

_____ , Rot und Weiß. Sein _____ ist

natürlich die Schweiz!

lange	Augen	Tomaten	Lieblingsland	84	Fußball
alt	Blau	Schweiz	Herrentennis ✔	Musik	

Michael Schumacher (oder der Schumi!) ist einer der _____ Formel-Eins-Fahrer

der Welt! Er ist _____ Jahre alt, 1.74m groß und wiegt 68

_____ . Obwohl er Deutscher ist, wohnt er jetzt in der _____

mit seiner _____ , seiner Tochter Gina-Marie und seinem Sohn Mick. Seine

_____ haben alle mit Sport zu tun – Fußball, Tennis _____

und Skifahren! Michaels _____ Ralf ist auch Formel-Eins-Fahrer.

36	Schwimmen	Frau	besten	Hobbys	Kilo	Bruder	Schweiz

2 Wer ist wer? Verbinde!

1 Albert Einstein	**a**	Supermodel
2 Claudia Schiffer	**b**	Gründer der protestantischen Kirche
3 Karl Friedrich Benz	**c**	Österreichischer Komponist
4 Martin Luther	**d**	Erster Kanzler des deutschen Reiches im Jahre 1870
5 Sophie Scholl	**e**	Deutscher Komponist
6 Wolfgang Amadeus Mozart	**f**	Physiker
7 Martina Hingis	**g**	Gründer einer Autofirma
8 Johann Gutenberg	**h**	Erfinder der Druckerpresse
9 Otto von Bismarck	**i**	Deutsche Studentin, die gegen Hitler protestierte
10 Johann Sebastian Bach	**j**	Schweizer Tennisspielerin

Grammatik im Fokus

Modal verbs + future tense

1 Schreib neue Sätze.

Beispiel: 1 Ich will viele Souvenirs kaufen.

1 Ich kaufe viele Souvenirs. (wollen)
2 Wir machen einen Ausflug. (mögen)
3 Ich besichtige die Stadt. (können)
4 Wir fahren zum Kudamm. (werden)
5 Ich trinke Kakao mit Sahne. (mögen)
6 Wir gehen ins Museum. (wollen)
7 Ich gehe zum Alexanderplatz. (werden)
8 Wir besuchen den Reichstag. (können)

The perfect tense

2 *haben* oder *sein*?

1 Wir (sind/haben) bis Mittag geblieben.
2 Ich (habe/bin) einen Stadtplan gekauft.
3 Wir (haben/sind) in die Stadt gefahren.
4 Ich (bin/habe) zum Fernsehturm gegangen.
5 Wir (sind/haben) eine Schifffahrt gemacht.
6 Ich (habe/bin) in der Disco getanzt.

3 Schreib die Sätze im Perfekt auf.

1 Ich spiele auf dem Alexanderplatz Fußball.
2 Wir besuchen die Gedächtniskirche.
3 Ich treffe viele Jugendliche aus der Schweiz.
4 Wir essen im Park Currywurst.
5 Es regnet.
6 Wir besichtigen die Sehenswürdigkeiten.

Modal verbs + imperfect tense

4 Schreib neue Imperfekt-Sätze.

Beispiel: 1 Wir wollten mit dem Bus fahren.

1 Wir fahren mit dem Bus. (wollen)
2 Tom kauft eine CD. (können)
3 Ich gehe zu Fuß. (wollen)
4 Steffi besucht ihre Oma. (können)
5 Mein Bruder macht einen Ausflug. (wollen)
6 Ich mache einen Ausflug. (können)

9 Kannst du ...

* say what you are going to see and do
  during a visit to Berlin?
  *Ich will die Stadt sehen. Wir können eine Schifffahrt
  machen. Wir werden ins Museum gehen.*

* describe a visit to Berlin?
  *Wir haben den Reichstag besichtigt. Ich bin zum
  Alexanderplatz gegangen.*

* say how it was?
  Es war super! Es hat mir sehr gut gefallen.

* plan a trip to Vienna and write a formal letter
  requesting information?
  Was kann man alles in Wien machen? Wir brauchen ...

* find out more about Zürich and plan and prepare a
  presentation?
  Zürich ist eine sehr alte Stadt ...

Du bist dran!

1 Beschreibe deine Traum-Klassenfahrt!

a Wohin willst du fahren? Finde Fotos oder zeichne alles.

b Was möchtest du alles machen und sehen? Schreib einen
Plan.

c Nach der Klassenfahrt: Was hast du alles gemacht und
gesehen – und wann? Schreib ein Tagebuch.

d Wie war alles? Was hat dir am besten/nicht gefallen? Und
warum nicht? Schreib Sätze.

e Finde ⊙═⊙. Nimm die Informationen auf Kassette auf.

9 | Vokabular

**Was möchtest/willst
  du in … machen?**

Was werden wir in …
  machen?
Ich will
  möchte
  konnte
  wollte …

*What would you like to
  do/want to do in … ?*

What shall we do in … ?

*I want
  would like to
  could
  wanted to …*

**Wir können/werden/
  konnten/wollten …**

ein Picknick machen
Sehenswürdigkeiten/
  die Stadt besichtigen/
eine Schifffahrt/
  Stadtrundfahrt/
  einen Ausflug/
  Einkaufsbummel/
  Spaziergang machen/
ins Museum/
  in die Stadt/
  in die Disco/
  ins Theater/
  in den Freizeitpark/
  zu einem Konzert gehen/
im Wannsee
  schwimmen/
Souvenirs kaufen/
Eis essen/
  Limonade trinken.
Ja/Nein, das ist/war
  (nicht) interessant/
  langweilig/super/
  zu kalt.

*We can/will/
  could/wanted to …*

*have a picnic
visit sights/
  the city
make a boat trip/
  a sightseeing trip/
  an excursion/
  a shopping trip/
  go for a walk/
go to the museum/
  town/
  disco/
  theatre/
  theme park/
  concert/
swim in the lake/*

*buy souvenirs/
eat ice cream/
  drink lemonade.
Yes/No, that is/was (not)
  interesting/
  boring/great/
  too cold.*

Das Perfekt

Ich habe/Wir haben …
  besichtigt
  gemacht
  gekauft
  getrunken
  gegessen
  getroffen
  gespielt
  besucht.
Ich bin/Wir sind …
  gefahren/gegangen
  geblieben.

The perfect tense

*I/We
  visited
  made
  bought
  drank
  ate
  met
  played
  visited.
I/We …
  went to
  stayed.*

Sie brauchen

eine Liste von
  Campingplätzen/
  Jugendherbergen/
  Restaurants
eine Broschüre
  über die Stadt
eine Hotelliste
einen Fahrplan/
  Stadtplan

They need

*a list of
  camp sites/
  youth hostels/
  restaurants
a brochure about
  the city
a list of hotels
a time table/
  a street map*

Schreib einen Brief

Vielen Dank im
  Voraus für Ihre
  Hilfe.
Ich freue mich
  auf eine baldige
  Antwort.

Write a letter

*Many thanks in
  advance for
  your help.
I look forward
  to hearing from
  you soon.*

Wiederholung

HÖREN 1 Hör gut zu. Was feiern diese vier Jugendlichen – und wann? Und warum können die Gäste nicht kommen? Mach Notizen wie unten.

Beispiel:

1

Was?	Geburtstagsparty
Wo?	Im Partykeller
Wann?	Am Samstag um 19 Uhr
Er/Sie muss: zu Hause helfen	

LESEN 2a Lies Saras E-Mail und beantworte die Fragen.

Nachricht

Hallo, Tim!

Vielen Dank für deine E-Mail gestern – und deine Geburtstagskarte! Mein Geburtstag war super!

Ich habe gestern eine Geburtstagsparty gemacht. Die Party war toll! Ich hatte zehn Gäste und ich habe viele Geschenke bekommen: Bücher, Make-up und CDs. Und von meinen Eltern habe ich ein Handy bekommen! Wir haben Pizza gegessen und Cola getrunken und wir haben getanzt. Ich habe auch mit Lars getanzt – Lars aus der 9A! Ich habe auch Katrin und Daniel getroffen. (Katrin ist die Schwester von Lars. Sie ist sehr nett!) Ach ja, und Christian hat Gitarre gespielt – das war auch super. Aber jetzt muss ich den Partykeller aufräumen …

Tschüs!

Sara

1 Was war gestern?
2 Was hat Sara von ihren Gästen bekommen?
3 Was hat sie von ihren Eltern bekommen?
4 Was hat sie gemacht?
5 Was muss sie jetzt machen?

SCHREIBEN 2b Du bist dran! Was hast du zum Geburtstag bekommen? Was hast du gemacht? Schreib eine E-Mail so wie Sara.

HÖREN 3a Andi wohnt in der Stadt. Warum wohnt er gern in der Stadt – und warum wohnt er nicht gern dort? Hör gut zu und mach Notizen.

Beispiel: gern: nie langweilig, …
nicht gern: zu viele Autos, …

SCHREIBEN 3b Was sagt Andi? Schreib eine Zusammenfassung mit deinen Notizen von Übung 3a.

Beispiel: Ich wohne gern in der Stadt, weil es nie langweilig ist und …

LESEN 4a Lies die Wörter. Was ist umweltfeindlich? Finde sieben Wörter und schreib eine Liste.

Erde	**Fabriken**	Kraftwerke	Lärm	Luft
Menschen	Pestizide	Tiere		Wasser
Müll	**Pflanzen**	Verkehr	**Wald**	Zigaretten

SPRECHEN 4b Partnerarbeit. Lies die Wörter auf deiner Liste oben. Was glaubst du – was ist das größte Problem für die Umwelt? Macht Dialoge.

Beispiel: A Was ist das größte Problem für die Umwelt?
B Ich finde, … ist das größte Problem! Und du?

5 Hör gut zu. Was haben diese Jugendlichen auf der Klassenfahrt gemacht ✔ ?
Was haben sie nicht gemacht ✗ ? Kreuz die passenden Bilder an.

Meike								
Tobias								
Hanna								
Philipp								

6a Was möchte Sven alles in Wien machen?
Schreib eine Liste mit den Bildern unten.

Beispiel: a Ich möchte Sehenswürdigkeiten besichtigen.

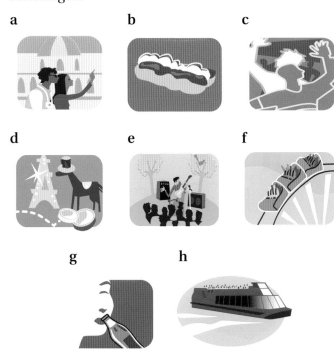

a

b

c

d

e

f

g

h

6b Partnerarbeit. Was möchtet ihr in Wien
machen/nicht machen? A fragt und wählt ein
Bild von Übung 6a, B antwortet mit *weil* …
Dann ist A dran.

*Beispiel: A Was möchtest du in Wien
machen? Bild a!*
*B Ich möchte Sehenswürdigkeiten
besichtigen, weil das interessant ist.*

7a Lies Michaels E-Mail und beantworte
die Fragen.

Nachricht

Ich heiße Michael Sauer und ich bin
15 Jahre alt. Ich wohne in einem
kleinen Dorf in Österreich –
es heißt Huben. Ich wohne gern
hier, weil es viel Natur und viele Tiere gibt. Aber
ich wohne nicht gern auf dem Land, weil es
ziemlich langweilig ist – es gibt keine Disco, kein
Kino, kein Schwimmbad …

Ich bin ziemlich fit und ich mache viel für meine
Gesundheit – ich gehe jeden Tag zu Fuß zur Schule
und mein Lieblingshobby ist Sport: Ich spiele jeden
Tag Tennis und ich fahre im Sommer Skateboard
und im Winter Ski. Und ich bin Vegetarier.

Meine Schule heißt ‚Erich-Kästner-Gymnasium'.
Nächstes Jahr werde ich in die 8. Klasse gehen –
und ich werde viel für die Schule tun: Ich werde
jeden Tag Hausaufgaben machen und ich werde
mein Taschengeld für einen Computer sparen!
Ich möchte später gern Geschäftsmann werden:
Ich möchte viel Geld verdienen und ich möchte
auch im Ausland arbeiten.

1 Warum wohnt Michael gern auf dem Land?
2 Warum wohnt er nicht gern in Huben?
3 Was macht er für seine Gesundheit?
4 Was wird er nächstes Jahr für die Schule tun?
5 Was möchte er gern werden?
6 Was möchte er später auch machen?

7b Du bist dran! Schreib eine Antwort-E-Mail
an Michael. (Tipp: Beantworte alle Fragen
in Übung 7a für dich!)

1 Noch mal!

LESEN

1 Lies die Beschreibungen. Wer ist das?
Finde die passenden Bilder.

1 Ich habe glatte blonde Haare. Meine Augen sind blau. Ich trage einen Ohrring.

2 Meine Haare sind schwarz und lockig. Ich habe braune Augen und ich trage eine Brille.

3 Ich habe lange braune Haare. Meine Augen sind grün. Ich trage Ohrringe.

| Kai | Lara | Uwe |

HÖREN

2a Wie sind Silke und Matthias? Hör gut zu und finde die passenden Wörter.

Beispiel: *Silke: lieb, ...*

arrogant	gemein	schüchtern	ungeduldig
frech	lustig		
launisch	lieb	nett	unfreundlich

SPRECHEN

2b Partnerarbeit. Ratespiel: Wer ist das?
A ist Silke oder Matthias und sagt einen Satz, **B** rät. Dann ist **B** dran.

Beispiel:
A Ich bin lieb.
B Du bist Silke!
A Richtig!

LESEN

3 Finde die passenden Antworten.

1 Ich mag meine Eltern, weil sie ...
   a zu streng sind.
   b sehr lieb sind.

2 Wir verstehen uns nicht gut, weil sie ...
   a nie ungeduldig sind.
   b zu altmodisch sind.

3 Wir streiten uns, weil ...
   a ich zu viel fernsehe.
   b meine Mutter lustig ist.

4 Ich mag Susi nicht, weil sie ...
   a oft unfreundlich ist.
   b nie gemein ist.

5 Wir verstehen uns gut, weil Tom ...
   a nie sympathisch ist.
   b immer nett ist.

SCHREIBEN

4 Ergänze die Sprechblasen.

1 Ich muss ...

Ich muss ... **2**

3 Ich darf keine ...

Ich muss ... **4**

5 Ich darf nicht ...

Ich darf nicht ... **6**

1a Hör gut zu und beantworte die Fragen in Sätzen.

   1 Wie alt ist Ina?
   2 Wie sieht sie aus?
   3 Wie ist sie?
   4 Wie alt ist Daniel?
   5 Wie sieht er aus?
   6 Wie ist er?

 1b Beantworte die Fragen für deinen besten Freund/deine beste Freundin.

2 Partnerarbeit. Wie ist dein Vater/deine Mutter? Macht Dialoge mit *Wir verstehen uns (nicht) gut, weil ...*

Beispiel:
A *Wir verstehen uns gut, weil mein Vater immer lustig ist.*
B *Wir verstehen uns nicht gut, weil meine Mutter oft ungeduldig ist.*

altmodisch   streng

lustig   lieb

unfreundlich

 3a Was musst du zu Hause machen? Lies den Brief. Schreib dann einen Antwortbrief an Michael mit den Informationen unten.

> Mein Vater ist ziemlich nett, aber meine Mutter ist zu streng! Ich muss um 19 Uhr zu Hause sein. Das ist ungerecht! Und ich darf nicht in die Disco gehen. Ich muss jeden Abend lernen und ich darf keine Freunde einladen. Mein Lieblingshobby sind Computerspiele, aber ich darf keinen Computer kaufen. Das ist gemein, finde ich.
> Bis bald,
> Michael

a   b   c

d   e   f

3b Silkes Eltern sind super! Was darf Silke alles machen? Schreib einen Brief an Michael.

Beispiel:

> Lieber Michael,
> meine Eltern sind sehr tolerant! Ich darf in die Disco gehen. Das ist super, finde ich.

a   b   c

d   e   f

1 Hör gut zu und finde die richtige Reihenfolge für die Bilder.

 2 Partnerarbeit. Gedächtnisspiel: Der Alltag. **A** beginnt, dann ist **B** dran.

Beispiel:
  A *Ich stehe auf.*
  B *Ich stehe auf und ich wasche mich.*
  A *Ich stehe auf, ich wasche mich und ich frühstücke.*

3 Partnerarbeit. Macht Dialoge. **A** wählt und **B** antwortet. Dann ist **B** dran.

Beispiel:
  A *B3!*
  B *Ich bekomme pro Monat 11 Euro und ich kaufe Kleidung und Schokolade.*

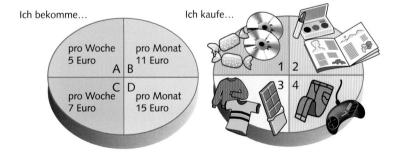

4 Füll die Lücken aus.

Am Samstag bin ich um 9 Uhr

(1) _____. Ich habe Toast

(2) _____ und Orangensaft

(3) _____. Dann habe ich

mein Zimmer (4) _____

und meine Hausaufgaben

(5) _____.

Am Nachmittag bin ich in die Stadt

(6) _____ und ich habe Tennis

(7) _____ . Am Abend bin ich ins Kino

(8) _____. Das war toll!

gegangen   gegessen
aufgestanden   getrunken
geputzt gespielt gegangen
gemacht

1a Lies den Text. Was sagt Katrin? Sind die Sätze richtig oder falsch?

1

> Ich helfe nie im Garten.

2

> Ich bekomme viel Geld von meinem Opa.

3

> Mein Onkel hat ein Auto.

4

> Ich wasche nicht gern Autos.

5

> Ich helfe nie zu Hause.

6

> Ich bekomme kein Geld von meiner Mutter.

7

> Ich habe keine Haustiere.

8

> Ich mag Tiere nicht.

9

> Ich habe einen Nebenjob.

10

> Am 17. Oktober kaufe ich einen Pullover.

```
Ich spare für einen
Pullover.

Hier ist mein Plan!

Der Pullover kostet 40 Euro.

 4. Oktober   Ich helfe im Garten und
              bekomme 3 Euro von meinem Opa.
 8. Oktober   Ich wasche das Auto für
              meinen Onkel. Nur 5 Euro.
              Das macht keinen Spaß!
11. Oktober   Ich helfe zu Hause. Meine
              Mutter mag das und ich
              bekomme 8 Euro!
12. Oktober   Ich räume mein Zimmer auf und
              ich bekomme 10 Euro von
              meinen Eltern.
16. Oktober   Ich führe meinen Hund aus.
              Das mag ich sehr gern. Und ich
              bekomme 4 Euro!
17. Oktober   Ich trage Zeitungen aus. Das
              finde ich anstrengend, aber
              ich verdiene 10 Euro.

3 + 5 + 8 + 10 + 4 + 10 = 40 Euro!

Toll — ich kaufe einen Pullover!
```

1b Wofür sparst du? Schreib einen Plan wie Katrin.

1c Schreib Katrins Tagebuch im Perfekt auf.

Beispiel: 4. Oktober: Ich habe im Garten geholfen und habe 3 Euro von meinem Opa bekommen.

2 Atalay sucht einen Nebenjob. Hör gut zu und beantworte die Fragen.

1 Wo ist der Nebenjob?
2 Ist der Nebenjob für Jungen oder Mädchen?
3 Für wie viele Stunden pro Tag ist der Nebenjob?
4 Wie viel Geld verdient man pro Woche?
5 Ist der Nebenjob am Wochenende?
6 Wer hat den Zeitungskiosk?
7 Was schreibt Atalay in seinem Brief? (drei Informationen)

HÖREN 1 Hör gut zu und finde die passenden Bilder.

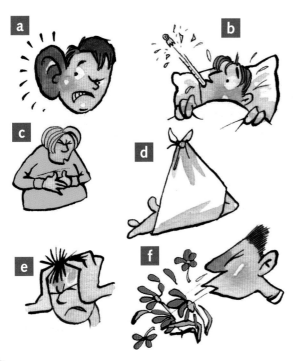

LESEN 2a Lies die Sätze. Was ist gut für die Gesundheit – und was ist nicht gut?

1 Ich esse jeden Tag Schokolade.
2 Meine Lieblingshobbys sind Tennis und Basketball.
3 Ich trinke Mineralwasser – Cola mag ich nicht.
4 Meine Hobbys sind Computerspiele und Fernsehen.
5 Ich esse mittags Hamburger und Pommes frites.
6 Ich gehe immer zu Fuß – zur Schule, in die Stadt …

SPRECHEN 2b Partnerarbeit. Welche Sätze oben sind nicht gut für die Gesundheit? Macht neue Sätze – jetzt sind sie gut für die Gesundheit!

Beispiel:
A *Nummer 1: Ich esse jeden Tag Schokolade – das ist nicht gesund. Aber ich esse jeden Tag Obst – das ist gesund!*
B *Ja, und Nummer …*

SCHREIBEN 3 Du bist sehr sportlich – was machst du seit wann/wie oft? Schreib Sätze mit den Informationen.

Beispiel: a *Ich spiele seit zwei Jahren Tennis.*

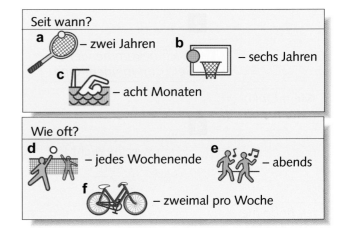

Seit wann?
a – zwei Jahren
b – sechs Jahren
c – acht Monaten

Wie oft?
d – jedes Wochenende
e – abends
f – zweimal pro Woche

SCHREIBEN 4a Markus' Klasse macht eine ,Fit im Frühling'-Aktion. Lies seine Tipps und finde die passenden Wörter.

1 Man soll (viele/keine) Süßigkeiten essen.

2 Man soll (nicht/jeden Tag) rauchen.

3 Man soll (nie/viel) Sport treiben.

4 Man soll (jeden Tag/kein) Fastfood essen.

5 Man soll viel (Cola/Mineralwasser) trinken.

6 Man soll (kein/viel) Obst essen.

SPRECHEN 4b Partnerarbeit. A ist Frau Ungesund, B ist Herr Ungesund. Sie wollen nichts für ihre Gesundheit tun! Macht Dialoge mit den Sätzen in Übung 4a.

Beispiel:
A *Man soll viele Süßigkeiten essen.*
B *Und man soll …*

3 Extra!

1a Hör gut zu. Was essen und trinken Tobias, Miriam und Heino? Mach Notizen für (F) Frühstück, (M) Mittagessen und (A) Abendessen.

Beispiel:

> Tobias: F – Müsli, Banane, ...

1b Lies deine Notizen von Übung 1a. Welche Mahlzeiten sind sehr gesund, ziemlich/manchmal gesund oder ungesund?

Beispiel:

> Tobias: Müsli mit Milch und
> Banane – sehr gesund!

1c Welche Mahlzeiten sind ungesund? Schreib neue gesunde Mahlzeiten für Tobias, Miriam und Heino.

Beispiel:

> Mittagessen:
> Man soll keine Currywurst oder keinen Hamburger mit Pommes frites essen! Man soll Fisch mit Kartoffeln und Gemüse essen!

1d Partnerarbeit. Macht weitere Tipps für die Gesundheit.

Beispiel:
A *Mein Tipp Nummer eins: Iss kein Fastfood, weil das ungesund ist!*
B *Ja, das stimmt! Und hier ist mein Tipp Nummer eins: …*

2a Lies Annes E-Mail und beantworte die Fragen.

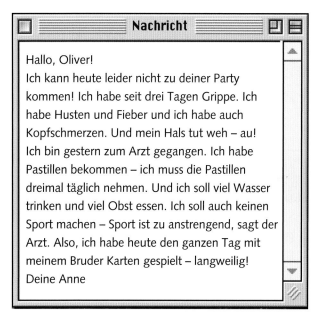

> **Nachricht**
>
> Hallo, Oliver!
> Ich kann heute leider nicht zu deiner Party kommen! Ich habe seit drei Tagen Grippe. Ich habe Husten und Fieber und ich habe auch Kopfschmerzen. Und mein Hals tut weh – au! Ich bin gestern zum Arzt gegangen. Ich habe Pastillen bekommen – ich muss die Pastillen dreimal täglich nehmen. Und ich soll viel Wasser trinken und viel Obst essen. Ich soll auch keinen Sport machen – Sport ist zu anstrengend, sagt der Arzt. Also, ich habe heute den ganzen Tag mit meinem Bruder Karten gespielt – langweilig!
> Deine Anne

1 Was kann Anne heute nicht machen?
2 Was hat Anne seit wann?
3 Was fehlt ihr?
4 Was soll sie machen?
5 Was soll sie nicht machen – und warum nicht?
6 Was hat sie heute gemacht?

2b Du bist dran! Schreib eine E-Mail so wie Anne mit den Informationen unten.

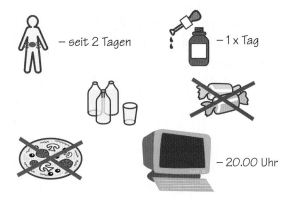

– seit 2 Tagen   – 1 x Tag

– 20.00 Uhr

1a Wo war Klara in den Ferien? Was hat sie gemacht? Hör gut zu und finde die passenden Bilder.

1b Partnerarbeit. Ist alles richtig? **A** wählt ein Bild, **B** antwortet. Dann ist **B** dran.

Beispiel:
A *Bild a – was hast du gemacht?*
B *Ich bin ins Schwimmbad gegangen.*
A *Richtig!*

2a Lies die E-Mail. Finde:
- sechs Perfekt-Sätze mit *haben*
- drei Perfekt-Sätze mit *sein*
- vier Imperfekt-Sätze

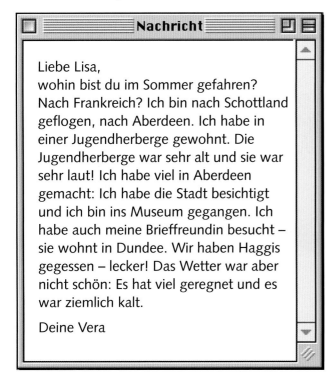

> **Nachricht**
>
> Liebe Lisa,
> wohin bist du im Sommer gefahren? Nach Frankreich? Ich bin nach Schottland geflogen, nach Aberdeen. Ich habe in einer Jugendherberge gewohnt. Die Jugendherberge war sehr alt und sie war sehr laut! Ich habe viel in Aberdeen gemacht: Ich habe die Stadt besichtigt und ich bin ins Museum gegangen. Ich habe auch meine Brieffreundin besucht – sie wohnt in Dundee. Wir haben Haggis gegessen – lecker! Das Wetter war aber nicht schön: Es hat viel geregnet und es war ziemlich kalt.
>
> Deine Vera

2b Lies die E-Mail noch einmal. Lies dann Veras Sätze unten (1–5) und finde die passenden Bilder.

1 Ich war in ...

 a   b

2 Ich habe in ...

 a   b

3 Ich bin ...

 a   b

4 Ich habe ...

 a   b

5 Das Wetter war ...

 a   b

2c Du bist dran! Schreib eine E-Mail mit den anderen Bildern von Übung 2b.
Beispiel:

> **Nachricht**
>
> Ich war in Frankreich ...

4 Extra!

1 Lies Millis Tagebuch. Schreib dann einen Brief für sie im Perfekt/Imperfekt: Wohin ist sie gefahren? Was hat sie gemacht? Wie war das Wetter? usw.

Freitag	Samstag
Ich fahre mit dem Bus nach Paris. Das Wetter ist sehr schlecht: Es ist windig und es ist sehr neblig. Ich wohne bei einer Gastfamilie – sie heißt Familie Dupont. Mein Zimmer ist klein, aber schön.	Ich esse Croissants und ich trinke Kaffee. Ich gehe in die Stadt und ich kaufe Postkarten und Souvenirs. Wir fahren auch zum EuroDisney-Freizeitpark – super!

2a Thorstens Brieffreund Martin schreibt eine E-Mail. Hier sind seine Fragen. Thorsten schreibt einen Antwortbrief. Hör gut zu und beantworte die Fragen für Thorsten. Schreib Sätze.

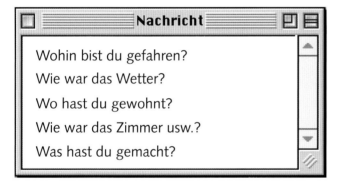

Nachricht

Wohin bist du gefahren?

Wie war das Wetter?

Wo hast du gewohnt?

Wie war das Zimmer usw.?

Was hast du gemacht?

2b Du bist dran! Eine Radiosendung in Deutschland macht eine Umfrage. Das Thema ist ,Ferien'. Schreib einen Artikel über deine Sommerferien.

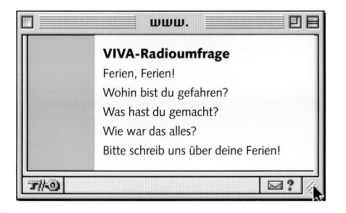

www.

VIVA-Radioumfrage

Ferien, Ferien!

Wohin bist du gefahren?

Was hast du gemacht?

Wie war das alles?

Bitte schreib uns über deine Ferien!

2c Partnerarbeit. **A** ist Radioreporter und fragt, **B** antwortet. Dann ist **B** dran. Macht eine Aufnahme.

Beispiel:

A Wohin bist du im Sommer gefahren?

B Ich bin im Sommer nach Wales gefahren.

A Was hast du gemacht?

B Ich habe viele Sehenswürdigkeiten besichtigt. Ich habe auch …

2d Wo war dein Partner/deine Partnerin in den Ferien? Schreib einen Artikel mit den Informationen von Übung 2c.

Beispiel:

Thomas ist im Sommer nach Wales gefahren. Er hat viele Sehenswürdigkeiten besichtigt. Er hat auch Souvenirs gekauft und er hat jeden Tag Hamburger gegessen. Er hat in einer Jugendherberge gewohnt. Die Jugendherberge war sehr laut! Das Wetter war sehr gut: Es hat nie geregnet, und es war immer sonnig.

1 Lies die Fragen und finde die passenden Antworten.

1 Was kostet eine Fahrkarte?
2 Wann fährt der nächste Bus?
3 Fährt der Zug direkt?
4 Wie komme ich am besten zum Rathaus?
5 Hin und zurück?
6 Von welchem Gleis?

a Nehmen Sie die Linie 11.
b Nein, einfach, bitte.
c Gleis 11.
d Drei Euro.
e Nein, du musst umsteigen.
f In zehn Minuten.

2a Was haben sie im Kaufhaus gekauft? Finde die passenden Bilder.

1
eine Jacke
ein Kleid
Schuhe

2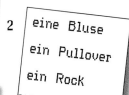
eine Bluse
ein Pullover
ein Rock

3
ein Hemd
eine Hose
ein T-Shirt

a

b

c

2b Partnerarbeit. Ist alles richtig? Macht Dialoge.

Beispiel: **A** *Bild a – das ist …*
B *Falsch! Das ist …*

3a Lies den Text und finde das passende Bild unten.

> # HILFE!
> Ich habe meinen Fotoapparat und meine Geldbörse verloren. Der Fotoapparat ist schwarz und silber. Er ist nur ein Jahr alt. Meine Geldbörse ist auch neu und aus Stoff und Leder. Sie ist lila und grau.
>
> Inge Meyer
> Tel. 0072 346 721

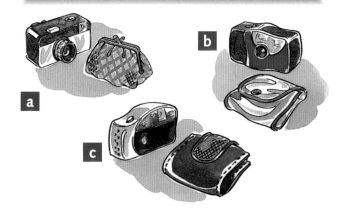

3b Was hast du verloren? Schreib eine Karte wie Inge für die zwei anderen Bilder.

1a Hör gut zu und finde die passenden Bilder.

Beispiel: 1 – 1, b, E

Wo?	Linie?	Wann?
1	a ②	A 0:10
2	b ③	B 0:07
3	c ⑤	C 0:04
4	d ⑥	D 0:15
5	e ⑧	E 0:18
6	f ⑩	F 0:25
7	g ⑫	G 0:30

1b Ist alles richtig? Macht Dialoge.
Beispiel:
A Welche Linie fährt zur Post?
B Linie drei.
A Wann fährt der nächste Bus?
B In achtzehn Minuten.

2a Hör gut zu und finde die passenden Bilder.

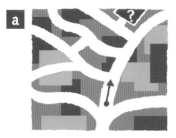

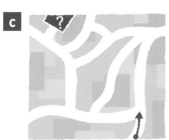

2b Partnerarbeit. **A** beschreibt den Weg im Bild b und **B** beschreibt den Weg im Bild c.

Beispiel: Geh hier geradeaus und ...

3a Helena schreibt an das Fundbüro in Köln. Lies den Brief und beantworte die Fragen in Sätzen.

> Montag, den 9. Mai
>
> Sehr geehrte Damen und Herren,
>
> ich war am Montag in der Stadt, und ich habe meine Schultasche verloren. Haben Sie die Tasche? Ich habe die Schultasche im Park verloren. Ich war morgens im Park. Die Tasche ist blau und weiß und aus Stoff und Leder.
>
> Mein Name ist Helena Ohletz und meine Adresse ist Hannoverstraße 46, 54000 Hagen.
>
> Mit freundlichen Grüßen
>
> *H. Ohletz*
>
> H. Ohletz

1 Was hat Helena verloren?
2 Wann hat sie das verloren?
3 Wo hat sie das verloren?
4 Wie sieht das aus?
5 Wo wohnt Helena?

3b Schreib einen Brief an das Fundbüro.
- Was hast du verloren?
- Wann?
- Wo?
- Wie sieht das aus?
- Wo wohnst du?

6 Noch mal!

1a Was trägst du zur Schule? Finde die passenden Bilder.

1

ein weißes Hemd
eine rote Krawatte
einen grünen Pullover
eine graue Hose

2

ein grünes Sweatshirt
ein weißes Hemd
eine schwarze Hose
schwarze Schuhe

3

eine weiße Bluse
einen grauen Rock
eine blaue Jacke
braune Schuhe

4

ein rotes Sweatshirt
eine weiße Bluse
einen blauen Rock
eine schwarze
Strumpfhose

1b Hör gut zu. Was tragen Hanna und Martin zur Schule? Finde die passenden Bilder in Übung 1a.

1c Partnerarbeit. Was trägst du zur Schule? **A** fragt, **B** wählt ein Bild von Übung 1a und antwortet. Dann ist A dran.

Beispiel:
A Was trägst du zur Schule?
B Ich trage einen roten Rock, …

2 Partnerarbeit. Was ist dein Vater/deine Mutter von Beruf? Macht Dialoge.

Beispiel:
A Was ist dein Vater von Beruf?
B Mein Vater ist Polizist.
A Und was ist deine Mutter?
B Meine Mutter ist …

a   b   c   d

1a Lies die Texte und finde die passenden Berufe.

1

Magst du Tiere? Dann ist dieser Beruf ideal für dich! Man trägt eine weiße Uniform und man macht Tiere gesund: Hunde, Katzen, Fische, Pferde ...

2

Interessierst du dich für Computer? Kaufst du viele Computerspiele und Computerprogramme? Sitzt du gern den ganzen Tag am Schreibtisch? Dieser Beruf wird dir viel Spaß machen!

3

Bist du gut in Mathematik? Möchtest du gern in einem Restaurant oder in einem Café arbeiten? Interessierst du dich für Essen und Getränke? Wir haben den idealen Beruf für dich!

4

Du ...
... magst die Schule
... hast sehr viele Lieblingsfächer
... findest Hausaufgaben interessant und wichtig
... hast Kinder gern

Wir ...
... haben den idealen Beruf für dich!

5

Interessierst du dich für Autos? Bist du gut in Physik? Arbeitest du nicht gern in einem Büro oder an einem Schreibtisch? Dann ist dieser Beruf richtig für dich!

1b Partnerarbeit. Was möchtest du gern werden – und warum? Wählt Berufe und macht Dialoge mit den Informationen von Übung 1a.

Beispiel:
A *Was möchtest du werden?*
B *Ich möchte Tierarzt werden.*
A *Warum?*
B *Ich mag alle Tiere und ich möchte Tiere gesund machen. Und du? Was möchtest du werden?*

2 Kopiere Daniels Brief und füll die Lücken aus.

Was lernst du gern in der Schule?

Ich lerne gern [image] und [image] . Ich habe gute [Biologie 2 Erdkunde 1] in diesen Fächern, aber ich bin nicht so gut in [image] . Ich muss mehr [image] . Was trägst du in der Schule? Hast du eine Uniform? Ich trage [image] und ein [image] und [image] . Was möchtest du später werden? Ich möchte [image] oder [image] werden.

SPRECHEN 1 Partnerarbeit. Wann hast du Geburtstag? Macht Dialoge.

Beispiel:
A *Wann hast du Geburtstag?*
B *Ich habe am ersten Juli Geburtstag.*

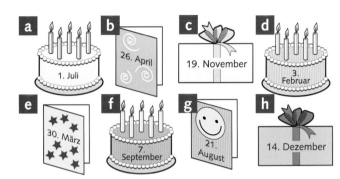

HÖREN 2 Tina macht eine Party, aber fünf Gäste kommen nicht. Hör gut zu und finde die passenden Notizen.

a Wer: .... Warum nicht: Zeitungen austragen

b Wer: .... Warum nicht: zu Hause helfen

c Wer: .... Warum nicht: Zimmer aufräumen

d Wer: .... Warum nicht: im Garten arbeiten

e Wer: .... Warum nicht: Hausaufgaben

LESEN 3 Finde die passenden Sätze.

1 Heiligabend ist super,
2 Ich mag Karneval,
3 Ich finde Ostern toll,
4 Mein Geburtstag macht Spaß,
5 Silvester ist schön,
6 Ich mag den 25. Dezember,

a weil dann das neue Jahr beginnt.
b weil wir meine Oma besuchen.
c weil ich viele Geschenke bekomme.
d weil wir Eier bekommen.
e weil wir lustige Kostüme tragen.
f weil ich eine Party mache!

LESEN 4a Max hat Geburtstag. Was hat er gemacht? Finde die passenden Sätze.

1 Ich habe einen CD-Spieler …
   a bekommen. b gemacht. c getroffen.

2 Ich habe Annika …
   a gespielt. b getroffen. c getanzt.

3 Wir haben Hamburger …
   a getrunken. b gesehen. c gegessen.

4 Ich habe Gitarre …
   a gemacht. b gespielt. c gesehen.

5 Ich habe auch Limonade …
   a getroffen. b getrunken. c getanzt.

6 Ich habe mit Helene …
   a gemacht. b getanzt. c gesehen.

SCHREIBEN 4b Du bist Max! Schreib einen Brief über deinen Geburtstag.

1a Partnerarbeit. Warum magst du …? Macht Dialoge mit den Informationen rechts.

> **Beispiel:** *A Ich mag Heiligabend, weil es Geschenke gibt. Und du?*
> *B Ich finde Ostern toll, weil …*

es gibt Geschenke
wir besuchen Verwandte
meine Mutter kocht ein festliches Essen
ich mache eine Party
alle sind lustig
wir bleiben spät auf

1b Beschreib weitere Feste so wie in Übung 1a.

2a Sara, Andi und Bea machen Partys. Kopiere den Zettel dreimal. Hör dann gut zu und mach Notizen für jede Person.

Nachricht
Wer: ....
Was: ....
Wann: ....
Wo: ....

2c Lies Saras Brief und finde die passenden Antworten.

Liebe Ines,
meine Geburtstagsparty war super! Ich habe ein Computerspiel von meinen Eltern bekommen und ich habe ein Buch bekommen – von meiner Freundin Lisa. Ich habe auch drei CDs und ein T-Shirt bekommen – und ein Stofftier! Die Party war in meinem Zimmer. Es gab Essen – Pizza – und wir haben Cola getrunken. Und ich habe mit Heiko getanzt – Heiko aus der 7R!! Martin hat Gitarre gespielt. Ach ja – und ich habe Anne getroffen. Sie ist sehr nett, finde ich.
Deine
Sara

2b Lies Toms E-Mail an Sara. Du bist dran! Schreib E-Mails an Andi und Bea so wie Tom.

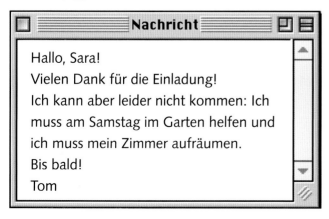

Hallo, Sara!
Vielen Dank für die Einladung!
Ich kann aber leider nicht kommen: Ich muss am Samstag im Garten helfen und ich muss mein Zimmer aufräumen.
Bis bald!
Tom

1 Sara hat …
   a keine Geschenke bekommen.
   b viele Geschenke bekommen.

2 Die Party war …
   a zu Hause.   **b** nicht zu Hause.

3 Es gab …
   a Chips.   **b** Pizza.

4 Heiko hat …
   a mit Lisa getanzt.   **b** mit Sara getanzt.

5 Martin hat …
   a Musik gemacht.   **b** mit Anne getanzt.

6 Sara …
   a mag Anne nicht.   **b** mag Anne.

1a Was gibt es in deiner Stadt? Finde die passenden Bilder für die Sätze.

1 schöne Gebäude
2 ein altes Hotel
3 ein neues Krankenhaus
4 eine Sparkasse
5 eine Tankstelle
6 einen tollen Zoo

1b Partnerarbeit. B wählt drei Bilder, A fragt. Dann ist A dran.

Beispiel:
A Was gibt es in deiner Stadt?
B Es gibt ein neues Krankenhaus.

2a Meike und Stefan wohnen auf dem Land. Warum wohnen sie gern / nicht gern auf dem Land? Hör gut zu und mach Notizen.

Beispiel: Meike: viel Natur, …

2b Partnerarbeit. Warum wohnen Meike und Stefan gern / nicht gern auf dem Land? A fragt, B antwortet. Dann ist B dran.

Beispiel: A Warum wohnt Meike gern auf dem Land?
B Es gibt hier viel Natur und es gibt …

3a Lies die Webseite-Homepage der Umweltgruppe ‚Grüne Jugend‘.

3b Schreib Sätze für die Homepage-Seite 2 (mit den Informationen von Übung 3a).

Beispiel: Müll ist am schlimmsten.
… ist schlimmer als …

4 Was machst du für die Umwelt? Macht Dialoge.

Beispiel: A Was machst du für die Umwelt?
B Ich kaufe Recyclingpapier. Und du?

8 Extra!

1 Partnerarbeit. Warum wohnst du gern/nicht gern in der Stadt? Macht Dialoge mit den Informationen.

Beispiel:

A *Ich wohne gern in der Stadt, weil es viele Geschäfte gibt.*

B *Aber ich wohne nicht gern in der Stadt, weil …*

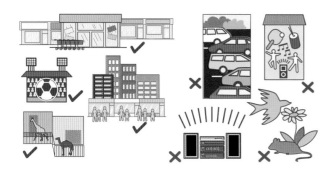

2a Lies Anjas Brief und beantworte die Fragen.

Ich wohne in einem kleinen Dorf auf dem Land. Ich wohne gern hier, weil es keinen Verkehr gibt. Ich kann mit dem Rad fahren — das ist nicht gefährlich hier. Aber ich wohne nicht gern hier, weil es manchmal langweilig ist. Es gibt oft nichts zu tun! Es gibt hier keine Disco. Das ist nicht gut! Aber ich wohne lieber auf dem Land, weil es viel Natur gibt. Es gibt zum Beispiel einen schönen See — dort kann man im Sommer schwimmen. Im Winter wohne ich nicht gern hier, weil es weder ein Hallenbad noch ein Jugendzentrum gibt. Aber ich wohne lieber hier, weil es keinen Lärm gibt — auf dem Land ist es sehr ruhig.

1 Wo wohnt Anja?
2 Warum wohnt sie gern hier?
3 Warum wohnt sie nicht gern hier?

2b Warum wohnst du lieber/nicht gern auf dem Land? Schreib einen Antwortbrief mit den Informationen unten.

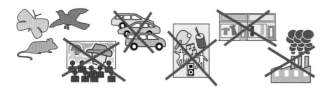

3a Finde die passenden Wörter für die Sätze.

1 Es ist kalt oder heiß. Hier kann man schwimmen – und man kann es auch trinken!

2 Sie sehen schön aus und haben viele Farben – und manchmal kann man sie auch essen.

3 Wir brauchen ihn nicht mehr: zum Beispiel Papier für Süßigkeiten, einen Becher Jogurt (ohne Jogurt!) …

4 Sie wohnen in der Stadt und auf dem Land. Sie sind groß oder klein – aber sie sind keine Menschen!

5 Es gibt ihn in der Stadt: Autos, Busse, U-Bahnen, Züge, Straßenbahnen …

6 Es ist nie ruhig – es ist immer laut und man kann es immer hören.

Lärm   Pflanzen   Verkehr
   Müll   Tiere   Wasser

3b Partnerarbeit. **A** wählt ein Wort von Übung 3a und fragt: „Was ist das?", **B** sagt drei passende Wörter. Dann ist **B** dran.

Beispiel:

A *Lärm – was ist das?*

B *Autos, Fernsehen und Verkehr – das ist Lärm.*

4a Was machen Jana und Markus für die Umwelt? Hör gut zu und mach Notizen.

Beispiel: Jana: *fährt nie mit dem Auto, fährt mit dem Rad, …*

4b Die Jugend-Umweltorganisation der Stadt Hollfeld hat eine neue Website – das Thema der Homepage ist: ‚Was tust du für die Umwelt?' Schreib mit deinen Notizen einen Artikel für Jana oder Markus.

Beispiel: Ich mache sehr viel für die Umwelt: Ich fahre nie mit dem Auto – ich fahre …

1 Finde die passenden Sätze.

1 Ich möchte eine Schifffahrt   **a** kaufen.
2 Wir können die Stadt   **b** schwimmen.
3 Wir werden ins Museum   **c** machen.
4 Ich will im Wannsee   **d** besichtigen.
5 Wir können Souvenirs   **e** essen.
6 Ich möchte Kuchen   **f** gehen.

2 Was haben sie alles in Berlin gemacht? Hör gut zu und finde die passenden Bilder.

a   b   c   d   e   f

3a Cedi und Markus wollen nach München fahren. Was brauchen sie alles? Schreib eine Liste mit den Bildern.

Beispiel: a Wir brauchen eine Liste von …

a   b   c   d   e   f   g

    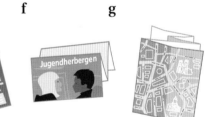

3b Partnerarbeit. Ist alles richtig? Macht Dialoge.

Beispiel: A Also, was brauchen wir alles?
B Wir brauchen eine Liste von (a) …

4 Lies Annes Brief und finde:

2 Imperfekt-Sätze
2 Modal-Sätze im Imperfekt
2 Perfekt-Sätze mit *haben*
2 Perfekt-Sätze mit *sein*
2 Futur-Sätze
2 Modalsätze im Präsens

Nachricht

Wir werden eine Klassenfahrt nach München machen – super! Ich möchte eine Stadtrundfahrt mit einem Bus machen und ich werde in der Isar schwimmen – das ist ein Fluss. Meine Freundin Monika will ins Museum gehen, aber das finde ich langweilig! Letztes Jahr haben wir eine Klassenfahrt nach Innsbruck gemacht. Das ist in Österreich. Wir sind mit dem Zug gefahren. Es war super! Wir sind eine Woche geblieben und wir haben die Sehenswürdigkeiten besichtigt. Wir wollten auch eine Schifffahrt machen, aber das konnten wir dann nicht – wir hatten schlechtes Wetter.

1 Lies die Beschreibungen und finde die passenden Städte.

 Zürich   Bayreuth   Wien   Berlin

1 Man kann im Wannsee schwimmen, und man kann auch einen Ausflug in den Grunewald machen. Viele Touristen besuchen auch den Fernsehturm auf dem Alexanderplatz.

2 Machen Sie eine Schifffahrt auf der Donau! Oder gehen Sie in den Prater – Sie können dort mit dem Riesenrad fahren. Sie interessieren sich für Musik? Dann besuchen Sie das Mozart-Haus!

3 Das Neue Schloss in der Stadtmitte ist sehr schön! In dieser alten Stadt gibt es viel für Jugendliche: Man kann ins Freizeit- oder Sportzentrum gehen und im Park kann man ein Picknick machen.

4 In der Bahnhofstraße gibt es viele Geschäfte – ideal für einen Einkaufsbummel! Für junge Leute ist das Niederdorf mit seinen Cafés, Bars und Discos interessant. Im Sommer sind die Quaianlagen die Touristenattraktion Nummer 1.

2a Partnerarbeit. Deine deutsche Partnerschule besucht am Wochenende deine Stadt. Was möchtest du mit den Schülern/Schülerinnen machen? Was könnt ihr machen? Diskutiere mit einem Partner/einer Partnerin.

Beispiel: **A** *Was können wir am Samstag machen?*
B *Wir können ins Kino gehen oder ins Museum!*
A *Ins Museum …? Nein, ins Kino!*
B *Und was möchtest du am Sonntag machen?*

2b Schreib einen Plan für das Wochenende.
Beispiel:

Samstag, 22. Mai

Morgens: Wir können ins Kino gehen.
Ich möchte auch …

3 Du warst auf einer Klassenfahrt in Wien. Was hast du alles gemacht? Schreib Sätze mit den Informationen.

Beispiel: a Ich bin ins … .

a    **b**   **c**

d    **e**   **f**

g

4 Hör gut zu und lies die Sätze. Sind sie richtig oder falsch?

1 Ina war auf einer Klassenfahrt in Hamburg.
2 Sie hat nichts gekauft, weil sie kein Geld hatte.
3 Sie hat einen Ausflug mit dem Zug gemacht.
4 Der Freizeitpark hat ihr sehr gut gefallen.
5 Das Wetter war nicht schön.
6 Das Museum war nicht interessant.

Grammatik

Introduction

All languages have grammatical patterns (sometimes called 'rules'). Knowing patterns of German grammar helps you understand how German works. It means you are in control of the language and can use it to say exactly what you want to say, rather than just learning set phrases.

Here is a summary of the main points of grammar covered in *Klasse! neu 2*, with some activities to check that you have understood and can use the language accurately.

Where you see this symbol [W▣], use a dictionary to help you with the activity.

Glossary of terms

noun *das Nomen* — a person, animal, thing or place
Das Mädchen und *der Hund* essen gern *Würstchen.*

singular *der Singular* — one of something
Die Jacke ist sehr modern.

plural *der Plural* — more than one of something
Die Schüler essen mittags *Brötchen.*

pronoun *das Pronomen* — a short word used instead of a noun or a name
Er macht eine Party.
Sie machen eine Umwelt-Aktion.

verb *das Verb* — a 'doing' word
Ich *spiele* Fußball.
Daniel *fährt* nach Österreich.

subject *das Subjekt* — a person or thing 'doing' the verb
Ina geht in die Küche.
Ich finde Mathe langweilig.
Die CD kostet 20 Euro.

object *das Objekt* — a person or thing affected by the verb
Ich kaufe *eine Postkarte.*
Meine Schwester trinkt *Apfelsaft.*
Ich habe *einen Computer* bekommen.

nominative case *der Nominativ* — used for the subject of a sentence
Die Limonade ist im Kühlschrank.
Das T-Shirt ist sehr teuer.

accusative case *der Akkusativ* — used for the object of a sentence
Thomas kauft *einen Computer.*
Ich mag *meine Mutter.*

dative case *der Dativ* — used after some prepositions
Die Party ist *im Garten.*
Wir treffen uns *an der Bushaltestelle.*

adjective *ein Adjektiv* — a word describing a noun
Der Rock ist sehr *schön.*
Ich trage einen *roten* Pullover.

preposition *eine Präposition* — a word describing position: where someone or something is
Ich wohne *in* der Stadt.
Wir treffen uns *vor* dem Bahnhof.

1 Nouns *Nomen*

Nouns are the words we use to name people, animals, things or places. In English, they often have a small word in front of them (*the*, *a*, *this*, *my*, *his*, etc.). In German, all nouns start with a capital letter.

1.1 Masculine, feminine or neuter?
All German nouns are either masculine, feminine or neuter.

	masculine	feminine	neuter
the	der Rock	die Mütze	das Hemd
a/an	ein Rock	eine Mütze	ein Hemd

1.2 Singular or plural?
Most English nouns add *-s* to make them plural:

the skateboard ➡ the skateboard**s**

the doctor ➡ the doctor**s**

German nouns form their plural endings in lots of different ways, although the plural word for *the* is always *die*, whatever the noun's gender:

das Stofftier	➡	*die Stofftier**e***
die Hose	➡	*die Hose**n***
das T-Shirt	➡	*die T-Shirt**s***
der Rucksack	➡	*die Rucks**ä**ck**e***
das Buch	➡	*die B**ü**ch**er***
der Pullover	➡	*die Pullover*

Important! Each time you learn a new noun, try to learn its plural, too.

Don't learn:	der Rock	✗
Learn:	der Rock; die Röcke	✔

1.3 Talking about jobs
In German, the names of jobs are different for men and women:

a mechanic	*ein Mechaniker*
	eine Mechanikerin
a doctor	*ein Arzt*
	eine Ärztin
a businessperson	*ein Geschäftsmann*
	eine Geschäftsfrau

When you say what job you or someone else does or wants to do, you use a noun **without** *der/die/das* or *ein/eine/ein* in front of it:

Er ist Informatiker.
He's **a** computer programmer.

Ich möchte Lehrerin werden.
I'd like to be **a** teacher.

A Was ist dein Vater/deine Mutter? Schreib Sätze auf Deutsch.

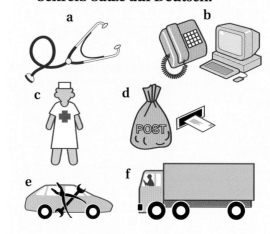

2 Cases *die Fälle*

Cases indicate the part a noun plays in a sentence. Three different cases are used in *Klasse! neu 2*: nominative, accusative and dative.

2.1 Nominative and accusative
The **nominative case** is used for the **subject** of a sentence. The subject is the person or thing 'doing' the verb (the action):

subject	verb
Der Hund	*spielt.*
Die Schülerin	*fährt Rad.*

The **accusative case** is used for the **object** of a sentence. The object is the person or thing having the the action of the verb done to them:

subject	verb	object
Ich	*habe*	***einen Computer**.*
Katja	*hat*	***eine Schwester**.*
Tom	*kauft*	***ein Buch**.*

Note that only the masculine forms are actually different from the nominative case.

2.2 Dative

The dative case is used in various ways. In *Klasse! neu 2* you will come across it being used after certain prepositions (see section 3: Prepositions):

*Ich habe in **einem Hotel** gewohnt.*

*Ich bekomme 10 Euro von **meinem Vater**.*

*Wie komme ich am besten **zum Rathaus**?*

2.3 *mein, dein, sein, ihr* and *kein*

Some other words such as *my, your, his, her* and *no/not any* also change their endings according to case:

*Sven hat **meinen** Bleistift.*	Sven has **my** pencil.
*Wohnst du bei **deiner** Oma?*	Do you live with **your** grandmother?
*Ich mag **seinen** Bruder!*	I like **his** brother!
*Sie fährt mit **ihrem** Bruder nach Spanien.*	She's going to Spain with **her** brother.
*Rainer kauft **keinen** Computer.*	Rainer does **not** buy **a** computer.

See section 4.3 Possessive Adjectives, page 160.

2.4 Summary

Here are all the case endings used in *Klasse! neu 2*:

der/die/das/die

	masculine	feminine	neuter	plural
nominative	der	die	das	die
accusative	den	die	das	die
dative	dem	der	dem	den

ein/eine/ein

	masculine	feminine	neuter	plural
nominative	ein	eine	ein	-
accusative	einen	eine	ein	-
dative	einem	einer	einem	-

mein, dein, sein, ihr, kein

These all follow the same pattern:

	masculine	feminine	neuter	plural
nominative	mein	meine	mein	meine
accusative	meinen	meine	mein	meine
dative	meinem	meiner	meinem	meinen

3 Prepositions *Präpositionen*

Prepositions are little words like *in, on, at*, etc., which tell you the position of someone or something:

*Kathi ist **in** der Küche.*	Kathi is **in** the kitchen.
*Die CDs sind **unter** dem Stuhl.*	The CDs are **under** the chair.

Here is a list of all the prepositions used in *Klasse! neu 2*:

an	at	*mit*	with, by (*transport*)
auf	on, on top of		
aus	from	*nach*	after
bei	with, at the home of	*neben*	next to
		unter	under
für	for	*seit*	since
hinter	behind	*von*	from
in	in, into	*vor*	in front of
		zu	to

Most prepositions are followed by the accusative or dative case (see section 2.4 for all the endings you will need to use after these prepositions):

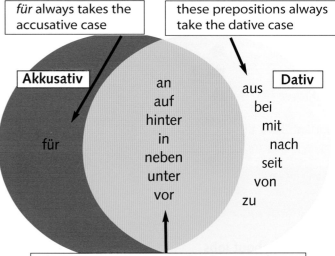

für always takes the accusative case

these prepositions always take the dative case

Akkusativ | **Dativ**

für

an
auf
hinter
in
neben
unter
vor

aus
bei
mit
nach
seit
von
zu

these prepositions take the dative or the accusative case depending on the context*

* In *Klasse! neu 2* you will only come across *an, auf, neben, unter* and *vor* used with the dative case (*Das Buch ist auf dem Tisch. Treffen wir uns vor der Disco?*). However, like *in*, these prepositions can sometimes take the accusative if they are used to express movement (*Geh unter die Brücke ... Go under the bridge ...*). You'll come across them used in this way in *Klasse! neu 3*.

A Füll die Lücken aus.

mit	nach	aus	von	zu	für

a Ich komme _____ Österreich.
b Kathi fährt _____ dem Rad zur Schule.
c Ich spare _____ einen Computer.
d Andi geht heute Abend _____ einem Konzert.
e Ich bekomme 30 Euro _____ meinen Eltern.
f Wir sind _____ Australien geflogen.

3.1 *in*

in is sometimes followed by the accusative and sometimes by the dative case.

When followed by the accusative, *in* tells you where someone or something **is going to**:

*Ich fahre **in die** Stadt.*   I'm going **into** town.

*Ich gehe **ins** Kino. (in + das)*   I'm going **to the** cinema.

But when followed by the dative, *in* tells you where someone or something **is already**:

*Ich habe in **einem** Wohnwagen gewohnt.*   I stayed **in a** caravan.

*Die Party ist **im** Garten. (in + dem)*   The party is **in the** garden.

B Akkusativ oder Dativ? Füll die Lücken aus.

a Tom ist in d _____ Schule.
b Wir gehen in d _____ Park.
c Was ist in d _____ Rucksack?
d Ich gehe in d _____ Supermarkt.
e Wir wohnen in d _____ Wohnung links.
f Fährst du in d _____ Stadt?

3.2 *seit*

seit (since) is a preposition indicating time. It is always used with the present tense and it takes the dative case:

Seit wann hast du Kopfschmerzen?

How long have you had a headache?

Ich habe seit Sonntag Grippe.

I've had flu **since** Sunday.

Meine Ohren tun seit drei Tagen weh.

My ears have been hurting **for** three days.

4 Adjectives *Adjektive*

Adjectives are the words we use to describe nouns.

When the adjective **follows** a noun, it has no additional ending, just as in English:

*Meine Haare sind **lang**.*   My hair is **long**.

*Meine Mutter ist sehr **lieb**.*   My mother is very **kind**.

When the adjective is placed **in front of** a noun, it adds an extra ending. The ending depends on the gender of the noun being described (masculine, feminine or neuter) and the case being used:

	nominative case	accusative case
	Das ist/sind ...	Ich habe ... / Ich trage ...
m.	ein gelb**er** Rock	einen gelb**en** Rock
f.	eine neu**e** Brille	eine neu**e** Brille
n.	ein weiß**es** T-Shirt	ein weiß**es** T-Shirt
pl.	braun**e** Haar**e**	braun**e** Haar**e**

A [W] Was ist das? Schreib Sätze.

Beispiel: *Das ist ein rotes Kleid.*

a **Kleid**   d **Mütze**
b **Rock**   e **Turnschuhe**
c   f **Hose**

B [W] Schreib Sätze mit *Ich trage einen/eine/ein ...*

Beispiel: *a Ich trage ein grünes Hemd.*

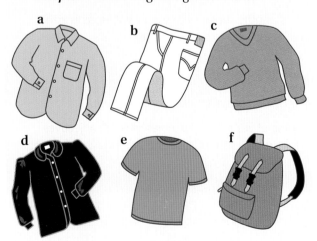

4.1 Making comparisons

If you want to compare two things, you need to add -er als to the adjective:

Englisch ist schwierig. ➡ *Englisch is schwieriger als Deutsch.*

English is difficult. ➡ English is **more** difficult **than** German.

Zigaretten sind gefährlich. ➡ *Zigaretten sind gefährlicher als Lärm.*

Cigarettes are dangerous. ➡ Cigarettes are **more** dangerous **than** noise.

4.2 Comparatives and superlatives of adjectives

To say *not as ... as*, use *nicht so ... wie*:

Mathe ist nicht interessant. ➡ *Mathe is nicht so interessant wie Geschichte.*

Maths is not interesting. ➡ Maths is not as interesting as history.

Fabriken sind umweltfeindlich. ➡ *Fabriken sind nicht so umweltfeindlich wie Müll.*

Factories are damaging to the environment. ➡ Factories are not as damaging to the environment as rubbish.

If you want to say that something is *the most ...*, you add *am -sten* to the adjective:

Fabriken sind am gefährlichsten. Factories are **the most dangerous.**

Pestizide sind am umweltfeindlichsten. Pesticides are **the most** environmentally unfriendly.

Lärm ist am schlimmsten. Noise is **the worst.**

If there is another noun with the adjective, you add the article and -ste to the adjective:

Müll ist das größte Problem.

Fabriken sind das schlimmste Problem.

Verkehr ist das umweltfeindlichste Problem.

The comparatives and superlatives of some adjectives don't follow this pattern: *gern* and *gut* are two of them:

	comparative	superlative
Ich trage **gern** Röcke.	Ich trage **lieber** Hosen.	Ich trage **am liebsten** Jeans.
Deutsch finde ich **gut**.	Englisch finde ich **besser**.	Mathe finde ich **am besten**.

C Wie ist deine Familie? Schreib Sätze.

Beispiel:
Meine Schwester ist kleiner als meine Mutter. Aber meine Oma ist am kleinsten.

a klein: meine Schwester – meine Mutter – meine Oma

b fleißig: mein Bruder – meine Schwester – ich

c lustig: mein Onkel – mein Vater – mein Opa

d freundlich: meine Mutter – meine Oma – meine Tante

e faul: mein Cousin – meine Schwester – meine Cousine

f frech: ich – mein Bruder – mein Hund!

4.3 Possessive adjectives

These are adjectives that show who or what something belongs to (**my** dog, **your** book, **her** brother, etc.):

Das ist mein Bruder.   That is **my** brother.

Wo ist deine Tasche? Where is **your** bag?

They come before the noun they describe in place of *der/die/das/die* or *ein/eine/ein*, for example. Like all adjectives, they have different endings for masculine, feminine, neuter and plural nouns. Here is a list of all the possessive adjectives used in *Klasse! neu 2*:

	masculine	feminine	neuter	plural
my	mein	meine	mein	meine
your	dein	deine	dein	deine
his	sein	seine	sein	seine
her	ihr	ihre	ihr	ihre

Like *ein/eine/ein*, possessive adjectives also change their endings according to case (see the summary table in section 2.4).

Das ist mein Rucksack. That's **my** rucksack.

Er hat meinen Rucksack. He's got **my** rucksack.

Das ist ihre Freundin. That's **her** friend.

Sie fährt mit ihrer Freundin nach Frankreich. She's going to France with **her** friend.

D **Schreib Antworten mit** *sein/seine/sein* **und** *ihr/ihre/ihr.*

> *Beispiel:* *a Ja, das ist ihre Tasche.*

a Ist das Susis Tasche? (ja)
b Ist das Daniels bester Freund? (ja)
c Hat Philipp einen Lieblingsfilm?
   (ja – *Lola rennt*)
d Das ist Julias Skateboard, nicht wahr? (ja)
e Ist Mark Toms Bruder? (ja)
f Hat Sandra eine Lieblingsgruppe?
   (ja – *Morgenstern*)

4.4 Dieser/diese/dieses ...

dieser/diese/dieses/diese can be used in place of *der/die/das/die* or *ein/eine/ein* if you want to say *this* or *that*:

Dieser Rock ist sehr schön.	**This** skirt is very nice.
Gefällt dir diese Hose?	Do you like **this** pair of trousers?
Dieses Kleid gefällt mir gut.	I like **this** dress.

masculine	feminine	neuter	plural
dieser	diese	dieses	diese

E **„Wie gefällt dir dieser/diese/dieses ... ?"**
Schreib Fragen für die Bilder.

> *Beispiel:* *a Wie gefällt dir dieses T-Shirt?*

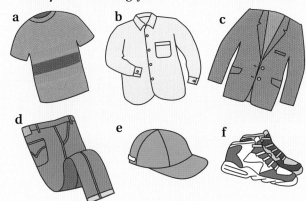

4.5 Welcher, welche, welches ...

To say *which*:

Welche Hose gefällt dir?	**Which** trousers do you like?
Welche Schuhe gefallen dir nicht?	**Which** shoes don't you like?

masculine	feminine	neuter	plural
welcher	welche	welches	welche

5 | Pronouns *Pronomen*

A pronoun is a small word which is used instead of a noun or a name:

Ich *habe einen Nebenjob.*	**I** have a part-time job.
Er *ist sehr freundlich.*	**He** is very friendly.

Here is a list of all the German pronouns for people and things used in *Klasse! neu 2*:

ich	I	*wir*	we
du	you (informal)	*ihr*	you (informal)
er/sie	he/she	*sie*	they
es/man	it/one	*Sie*	you (formal)

Have you noticed that there are three pronouns, all called *sie*? They all sound the same, but they have different meanings:

- *sie* (with a small s) can mean *she* or *they*. You'll be able to tell the difference, because the verb form will show whether *sie* is singular (*she*) or plural (*they*).
- *Sie* (with a capital S) is the polite form of *you*: you use it when you're talking to adults and strangers and in formal situations.

For example:

Wie sieht sie aus?	What does **she** look like?
Was tragen sie?	What are **they** wearing?
Seit wann haben Sie Grippe?	How long have **you** had flu for?

du is the informal form of *you* when talking to friends, family, children or animals:

Kommst du in die Stadt?	Are **you** coming into town?

ihr is the plural informal form of *you*. You use this form when talking to more than one person you would normally say *du* to:

Was wollt ihr machen?	What do **you** want to do?

man is often used in German and can mean *one, you, they* or *we*:

Man kann ins Schwimmbad gehen.	**You** can go to the swimming pool.
Man soll viel Sport treiben.	**One** should do lots of sport.

6 Verbs *Verben*

Verbs are words that describe what is happening:

*Ich **gehe** in die Stadt.*

*Wir **sind** nach Spanien **geflogen**.*

6.1 The infinitive

[W]■ If you want to look up a verb in a dictionary, you have to look up the infinitive. In German, infinitives are easy to recognise as they always end in -*en* or -*n*. For example:

*geh**en*** (to go)

*spiel**en*** (to play)

*samm**eln*** (to collect)

6.2 The present tense

A verb in the present tense describes an action which is taking place now or takes place regularly:

*Ich **spiele** (jetzt) Fußball.*	I **am playing** football.
*Ich **spiele** (jeden Tag) Fußball.*	I **play** football.

6.2.1 Regular verbs

Verb endings change according to who is doing the action:

*Ich spiel**e** Tennis.*

*Wir spiel**en** Tennis.*

Most German verbs follow the same pattern. They have regular endings:

spielen (infinitive)		to play
ich	spiel**e**	I play
du	spiel**st**	you play (informal)
er/sie es/man	spiel**t**	he/she/it/one plays
wir	spiel**en**	we play
ihr	spiel**t**	you play (pl. informal)
sie	spiel**en**	they play
Sie	spiel**en**	you play (formal)

The endings of verbs are always added to the verb stem – that's the infinitive without its -*(e)n* ending.

Some other verbs which follow the same pattern are:

kaufen	to buy	*trinken*	to drink
machen	to do	*wohnen*	to live

Some verbs have an extra *e* in the *du* and *er/sie/es* forms to make them easier to pronounce:

arbeiten (to work)	*finden (to find)*
Ich arbeite zu Hause.	*Ich finde diese Hose super!*
Wo arbeitest du?	*Wie findest du Wesel?*
Er arbeitet im Garten.	*Sie findet das gemein.*

6.2.2 Irregular verbs

Some common verbs do not follow this regular pattern. These are irregular verbs – they change their stem in the *du* and the *er/sie/es* forms. Here are some of the irregular verbs you will come across in *Klasse! neu 2*:

	fahren (to go, travel)	schlafen (to sleep)
ich	fahre	schlafe
du	fährst	schläfst
er/sie/es	fährt	schläft
wir	fahren	schlafen
ihr	fahrt	schlaft
sie/Sie	fahren	schlafen

	tragen (to wear, carry)	waschen (to wash)
ich	trage	wasche
du	trägst	wäschst
er/sie/es	trägt	wäscht
wir	tragen	waschen
ihr	tragt	wascht
sie/Sie	tragen	waschen

	essen (to eat)	geben (to give)
ich	esse	gebe
du	isst	gibst
er/sie/es	isst	gibt
wir	essen	geben
ihr	esst	gebt
sie/Sie	essen	geben

	helfen (to help)	nehmen (to take)
ich	helfe	nehme
du	hilfst	nimmst
er/sie/es	hilft	nimmt
wir	helfen	nehmen
ihr	helft	nehmt
sie/Sie	helfen	nehmen

	sprechen (to speak)	treffen (to meet)
ich	spreche	treffe
du	sprichst	triffst
er/sie/es	spricht	trifft
wir	sprechen	treffen
ihr	sprecht	trefft
sie/Sie	sprechen	treffen

	lesen (to read)	sehen (to see)
ich	lese	sehe
du	liest	siehst
er/sie/es	liest	sieht
wir	lesen	sehen
ihr	lest	seht
sie/Sie	lesen	sehen

6.2.3 *haben* (to have) and *sein* (to be)

haben (to have) and *sein* (to be) don't follow the pattern of any other verbs, so you'll need to learn them by heart. Here is a list of their present tense verb forms:

haben (to have)	sein (to be)
ich habe	ich bin
du hast	du bist
er/sie/es/man hat	er/sie/es/man ist
wir haben	wir sind
ihr habt	ihr seid
sie haben	sie sind
Sie haben	Sie sind

6.2.4 Reflexive verbs

Reflexive verbs have two parts: a verb and a pronoun:

*Ich wasche **mich**.*   I have a wash. (I wash **myself**.)
*Du wäschst **dich**.*   You have a wash. (You wash **yourself**.)
*Er wäscht **sich**.*   He has a wash. (He washes **himself**.)

A Schreib die Sätze auf Deutsch auf.

a I get undressed.   d Heike has a wash.
b You get dressed.   e You get undressed.
c I get dressed.   f She gets dressed.

6.2.5 Separable verbs

Separable verbs also consist of two parts: a verb and a prefix (a small word like *ab*, *auf*, etc.) In dictionaries and word lists the prefix goes to the **front** of the infinitive to form a single word: *auf* (prefix) + *stehen* (main verb) = *aufstehen* (to get up).

In the present tense, the prefix goes to the **end** of the sentence: *Ich stehe **auf**.* (I get up.)

B Was machst du? Schreib Sätze mit den Infinitiven.

Beispiel: *a Ich stehe auf.*

a aufstehen   d abwaschen
b einkaufen   e aufräumen
c fernsehen   f ausziehen

Note: In the perfect tense, the prefix goes at the beginning of the past participle. *Ich bin **auf**gestanden.*

6.2.6 Modal verbs

Modal verbs tell you what you can, must, want to do, etc. They are used together with another verb which is sent to the end of the sentence in its infinitive form:

*Ich **muss** um 20 Uhr zu Hause **sein**.*   I **have to be** at home at 8 o'clock.

*Ich **darf** nicht in die Disco **gehen**.*   I'm not **allowed to go** to the disco.

*Man **soll** viel Obst **essen**.*   You **should eat** lots of fruit.

Note: *Ich darf nicht ...* becomes *Ich darf kein/e/n ...* when it is followed immediately by a noun rather than a verb.

Modal verbs are irregular. Here are the verbs you will come across in *Klasse! neu 2*:

	müssen (have to/ must)	dürfen (allowed to/may)	können (able to/ can)
ich	muss	darf	kann
du	musst	darfst	kannst
er/sie/es/man	muss	darf	kann
wir	müssen	dürfen	können
ihr	müsst	dürft	könnt
sie/Sie	müssen	dürfen	können

	wollen (want to)	sollen (ought to/should)
ich	will	soll
du	willst	sollst
er/sie/es/man	will	soll
wir	wollen	sollen
ihr	wollt	sollt
sie/Sie	wollen	sollen

C Schreib die Sätze richtig auf.

a helfen / zu / Ich /muss / Hause / .
b darf / ins / gehen / Ich / nicht / Kino / .
c Computer / Ich / keinen / kaufen / darf / .
d keine / essen / Schokolade / soll / Man / .
e Sport / viel / soll / Man / treiben / .
f rauchen / Man / nicht / soll / .

6.2.7 möchte + werden
Ich möchte (I would like) is often used in German:

*Ich **möchte** einen Computer.*

*Ich **möchte** diese Mütze.*

Ich möchte can also work in the same way as a modal verb: you can add a verb to the end of the sentence, in its infinitive form:

*Ich **möchte** Informatiker **werden**.*
I **would like to be (become)** a computer programmer.

*Tina **möchte** Tierärztin **werden**.*
Tina **would like to be (become)** a vet.

6.2.8 The imperative
The imperative is the form of the verb you use when you want to give someone an instruction or advice:
Listen carefully. **Eat** more fruit.

When giving an instruction to someone you say *du* to:
• use the *du* form without the *du* and *-st* ending;

When giving an instruction to someone you say *Sie* to:
• use the *Sie* form with the *Sie* and start with the verb.

Du trinkst Mineralwasser.	➡	*Trink Mineralwasser!*
Du nimmst diese Tabletten.	➡	*Nimm diese Tabletten!*
Sie trinken Mineralwasser.	➡	*Trinken Sie Mineralwasser!*
Sie nehmen diese Tabletten.	➡	*Nehmen Sie diese Tabletten!*

D Schreib neue Imperativ-Sätze.

Beispiel: a Iss keine Süßigkeiten!

a Du isst keine Süßigkeiten.
b Sie nehmen diese Lotion.
c Du gehst viel zu Fuß.
d Du trinkst keinen Alkohol.
e Sie machen viel Sport.
f Sie essen kein Fastfood.

6.3 The perfect tense
A verb in the perfect tense describes something which happened in the past (yesterday or last week, for example):

I **played** tennis yesterday.

We **went** to the cinema last weekend.

To form the perfect tense, you need two parts: the present tense of *haben* or *sein* and the past participle of the main verb.

6.3.1 The perfect tense using *haben*
To form the perfect tense, you normally use the present tense of the verb *haben* and the past participle of the main verb. The past participle always goes at the end of the sentence:

*Wir **haben** einen Ausflug **gemacht**.*

*Ich **habe** Fußball **gespielt**.*

*Wir **haben** Souvenirs **gekauft**.*

To form the past participle for regular verbs, you take the stem of the verb and add *ge-* at the start and *-t* at the end:

infinitive	stem	past participle
machen	mach	gemacht
spielen	spiel	gespielt
kaufen	kauf	gekauft

E Finde die passenden Perfekt-Partizipien für die Infinitive.

Beispiel: a hören – gehört

a hören   d spielen
b tanzen   e wohnen
c machen   f kaufen

A small number of verbs which form their perfect tense with *haben* have past participles which don't follow this pattern:

*Ich habe Kuchen **gegessen.***

*Wir haben Limonade **getrunken.***

*Wir haben Sehenswürdigkeiten **besichtigt.***

*Ich habe meine Brieffreundin **besucht.***

F Schreib eine Postkarte im Perfekt mit den Bildern.

> *Beispiel: Ich habe meine Brieffreundin in Paris besucht.*

6.3.2 The perfect tense using *sein*

A small number of irregular verbs use *sein* instead of *haben*. These are mainly verbs expressing movement or change (to go, to travel, for example). Their past participles are also irregular: they still start with *ge-*, but they end with *-en*. Some also change their stem.

infinitive	stem	past participle
fahren	fahr	**ge**fahr**en**
fliegen	flieg	**ge**flog**en**
gehen	geh	**ge**gang**en**
bleiben	bleib	**ge**blieb**en**

Note that *bleiben* (to stay) also forms its perfect tense with *sein*, even though it's not a 'movement' verb.

G *haben* oder *sein*? Füll die Lücken aus.

> *Beispiel: a Ich bin nach Österreich gefahren.*

a Ich _____ nach Österreich gefahren.
b Wir _____ einen Ausflug gemacht.
c Meine Freundin _____ nach Amerika geflogen.
d Ich _____ Souvenirs gekauft.
e Mein Bruder _____ zu Hause geblieben.
f Wir _____ ins Schwimmbad gegangen.

6.4 The imperfect tense

A small number of very common verbs usually uses the imperfect tense instead of the perfect tense: *sein* is one these verbs:

Präsens (present tense)	Imperfekt (imperfect tense)
Ich **bin** in London.	Ich **war** in London.
Wo **bist** du?	Wo **warst** du?
Es **ist** kalt.	Es **war** kalt.

H Wo warst du? Und wie war das Wetter? Schreib Sätze.

England – schön	Österreich – heiß
Spanien – kalt	Amerika – schlecht

Haben and *geben* also use the imperfect tense instead of the perfect tense:

Präsens (present tense)	Imperfekt (imperfect tense)
Wir **haben** einen Weihnachtsbaum.	Wir **hatten** einen Weihnachtsbaum.
Es **gibt** Pizza.	Es **gab** Pizza.

I Schreib die Sätze im Imperfekt auf.

a Wir sind im Freizeitpark.
b Ich habe sechs Gäste.
c Es gibt Gans mit Rosenkohl.
d Das Wetter ist super.
e Meine Oma hat viele Geschenke.
f Wo bist du?

6.5 The imperfect with modal verbs

If you want to use modal verbs in the past tense, you use the imperfect tense of those verbs:

können (to be able to/can)

Präsens	Imperfekt
*Ich **kann** ins Theater gehen.*	*Ich **konnte** ins Theater gehen.*
*Er/Sie **kann** nicht tanzen.*	*Er/Sie **konnte** nicht tanzen.*
*Wir **können** in die Stadt fahren.*	*Wir **konnten** in die Stadt fahren.*

wollen (to want to)

Präsens	Imperfekt
*Ich **will** einen Ausflug machen.*	*Ich **wollte** einen Ausflug machen.*
*Er/Sie **will** kein Museum besuchen.*	*Er/Sie **wollte** kein Museum besuchen.*
*Wir **wollen** ein Eis kaufen.*	*Wir **wollten** ein Eis kaufen.*

J Schreib die Sätze im Imperfekt auf.

a Susi kann einen Einkaufsbummel machen.
b Ich will ins Kino gehen.
c Wir können einen Stadtplan kaufen.
d Tom will in die Disco gehen.
e Ich kann nicht den Reichstag besuchen.
f Wir wollen eine Schifffahrt machen.

6.6 Talking about the future

There are two ways of talking about the future:

* You can use the present tense together with an expression of time:

Ich **stehe** morgen um 7 Uhr **auf**.	I'm **going to get up** at seven o'clock tomorrow.
Ich **schreibe** am Samstag einen Brief.	I'm **going to write** a letter on Saturday.

* You can also use the future tense. This is formed with the present tense of the verb *werden* and the infinitive of the main verb, which is sent to the end of the sentence:

Ich **werde** Sport **treiben**.	I **will do** sport.
Ich **werde** Hausaufgaben **machen**.	I **will do** my homework.

Here are the present tense forms of *werden*:

ich	werde	wir	werden
du	wirst	ihr	werdet
er/sie/es	wird	sie/Sie	werden

K Schreib die Sätze im Futur auf.

Beispiel:

a Wir werden eine Theater-AG machen.

a Wir machen eine Theater-AG.
b Ich spiele Basketball.
c Tom schreibt jeden Tag E-Mails.
d Du fährst nach London.
e Wir gehen zu Fuß zur Schule.
f Ich esse keine Süßigkeiten.

7 Negatives *Negationen*

7.1 *nicht*

nicht means *not* and always goes directly after the verb:

Ich bin **nicht** ungeduldig.	I'm **not** impatient.
Ich trage **nicht** gern Uniform.	I do **not** like wearing a uniform.
Ich darf **nicht** in die Disco gehen.	I'm **not** allowed to go to the disco.

7.2 *kein/keine/kein/keine*

kein/keine/kein/keine means *no, not a, not any*. It is followed by a noun and follows the pattern of *ein/eine/ein* (see the summary table in section 2.4):

m.	Ich habe **keinen** Fahrplan.	I do **not** have **a** timetable.
f.	Ich habe **keine** Seife.	I do **not** have **any** soap.
n.	Ich bekomme **kein** Taschengeld.	I do **not** get **any** pocket money.
pl.	Ich darf **keine** Freunde einladen.	I'm **not** allowed to invite **any** friends round.

7.3 *weder ... noch*

To say *neither ... nor*, use *weder ... noch*:

Es gibt **weder** ein Kino **noch** ein Schwimmbad.	There is **neither** a cinema **nor** a swimming pool.

8 Word order *Wortstellung*

Sentences usually start with the subject (the person or thing doing the action). The verb is usually the second piece of information (but not necessarily the second word):

*Ich **wohne** in Wesel.*

*Mein Bruder **hört Musik**.*

8.1 Time – manner – place

When a sentence contains several pieces of information, the order that they must take is
time – manner – place:

	time	manner	place
*Ich **fahre***	*morgen*	*mit dem Zug*	*nach Köln.*

Even if only two types of information are present, the word order still remains the same:

*Wir **fahren** mit dem Rad in die Stadt.*

*Wir **fahren** heute mit dem Auto.*

To stress something important (such as dates or times), you can put the important piece of information at the beginning of the sentence. The subject must then come straight after the verb so that the verb is still the second piece of information:

*Um zwei Uhr **komme** ich nach Hause.*

*Am 24. Dezember **ist** Heiligabend.*

8.2   *weil*

Some 'linking words' like *weil* (because) change the word order of part of the sentence – they send the verb to the end:

*Ich mag meine Mutter. Sie **ist** sehr nett.*	*Ich mag meine Mutter, weil sie sehr nett **ist**.*
*Meine Uniform ist gut. Sie **ist** praktisch.*	*Meine Uniform ist gut, weil sie praktisch **ist**.*

A   Schreib neue Sätze mit *weil*.

Beispiel: *a Ich mag Susi, weil sie lustig ist.*

a Ich mag Susi. Sie ist lustig.
b Ich wohne gern hier. Es ist nie langweilig.
c Meine Uniform ist schlecht. Sie ist altmodisch.
d Wir verstehen uns gut. Er ist immer nett.
e Ich wohne gern auf dem Land. Es ist ruhig.
f Wir streiten uns. Sie sind streng.

8.3   Relative clauses

Relative clauses give more information about somebody or something. In English, they begin with *who* or *which*: *My uncle who works in a hospital.* (Gives information about the uncle.) *Mein Onkel, **der** in einem Krankenhaus arbeitet.*

You use *der*, *die* or *das* for *who* or *which*, depending on whether the thing you are talking about is masculine, feminine or neuter.

*Mein Onkel, **der** in einem Krankenhaus arbeitet, ist Arzt.*	(Onkel = masc. = *der*)
*Anja ist eine Kellnerin, **die** in einem Restaurant arbeitet.*	(Anja = fem. = *die*)
*Deutschland ist ein Land, **das** ich besuchen möchte.*	(ein Land = neut. = *das*)

9   Asking questions   *Fragen*

You can ask questions in two ways:

- by putting the verb of the sentence first:

*Du **fährst** nach Stuttgart.* ➡	***Fährst** du nach Stuttgart?*
You're going to Stuttgart.	Are you going to Stuttgart?
*Kathi **ist** sympathisch.* ➡	***Ist** Kathi sympathisch?*
Kathi is nice.	Is Kathi nice?

- by using a question word at the beginning of the sentence:

***Wann** hast du Geburtstag?*	When is your birthday?
***Was** hast du gemacht?*	What did you do?

When you use a question word, the verb must be the second piece of information.

Here's a list of all the question words in *Klasse! neu 2*:

Wann?	When?	***Wann** hast du Geburtstag?*
Was?	What?	***Was** hast du gekauft?*
Welcher/-e/-es?	Which?	***Welcher** Pullover gefällt dir?*
Wer?	Who?	***Wer** ist das?*
Wie?	How?	***Wie** war das Hotel?*
Wie viel?	How much?	***Wie viel** Taschengeld bekommst du?*
Wo?	Where?	***Wo** ist die Limonade?*
Wohin?	Where to?	***Wohin** fährst du?*
Woher?	Where from?	***Woher** kommst du?*

Answers to grammar activities

1 Nouns *Nomen*

A Mein Vater/Meine Mutter ist ...
a Arzt/Ärztin; b Sekretär/Sekretärin;
c Krankenpfleger/Krankenschwester;
d Postbote/Postbotin;
e Mechaniker/Mechanikerin;
f LKW-Fahrer/LKW-Fahrerin

3 Prepositions *Präpositionen*

A a aus; b mit; c für; d zu; e von; f nach

B a der; b den; c dem; d den; e der; f die

4 Adjectives *Adjektive*

A a Das ist ein rotes Kleid.
b Das ist ein grüner Rock.
c Das ist eine weiße Strumpfhose.
d Das ist eine gelbe Mütze.
e Das sind blaue Turnschuhe.
f Das ist eine schwarze Hose.

B Ich trage ...
a ein grünes Hemd; b eine weiße Jeans;
c einen grauen Pullover; d eine schwarze Bluse; e ein blaues T-Shirt; f einen braunen Rucksack.

C a Meine Schwester ist kleiner als meine Mutter.
Aber meine Oma ist am kleinsten.
b Mein Bruder ist fleißiger als meine Schwester.
Aber ich bin am fleißigsten.
c Mein Onkel ist lustiger als mein Vater.
Aber mein Opa ist am lustigsten.
d Meine Mutter ist freundlicher als meine Oma.
Aber meine Tante ist am freundlichsten.
e Mein Cousin ist fauler als meine Schwester.
Aber meine Cousine ist am faulsten.
f Ich bin frecher als mein Bruder.
Aber mein Hund ist am frechsten!

D a Ja, das ist ihre Tasche.
b Ja, das ist sein bester Freund.
c Ja, sein Lieblingsfilm ist *Lola rennt*.
d Ja, das ist ihr Skateboard.
e Ja, Mark ist sein Bruder.
f Ja, *Morgenstern* ist ihre Lieblingsgruppe.

E Wie gefällt dir ... ?
a dieses T-Shirt; b dieses Hemd; c diese Jacke;
d diese Jeans; e diese Mütze;
f Wie gefallen dir diese Turnschuhe?

6 Verbs *Verben*

A a Ich ziehe mich aus.
b Du ziehst dich an.
c Ich ziehe mich an.

d Heike wäscht sich.
e Du ziehst dich aus.
f Sie zieht sich an.

B a Ich stehe auf. b Ich kaufe ein. c Ich sehe fern.
d Ich wasche ab. e Ich räume auf.
f Ich ziehe mich aus.

C a Ich muss zu Hause helfen.
b Ich darf nicht ins Kino gehen.
c Ich darf keinen Computer kaufen.
d Man soll keine Schokolade essen.
e Man soll viel Sport treiben.
f Man soll nicht rauchen.

D a Iss keine Süßigkeiten!
b Nehmen Sie diese Lotion!
c Geh viel zu Fuß!
d Trink keinen Alkohol!
e Machen Sie viel Sport!
f Essen Sie kein Fastfood!

E a gehört; b getanzt; c gemacht; d gespielt;
e gewohnt; f gekauft

F Ich habe meine Brieffreundin in Paris besucht. Wir haben Sehenswürdigkeiten besichtigt und ich habe Postkarten gekauft. Wir haben Croissants gegessen und Kaffee getrunken und wir haben Basketball gespielt.

G a bin; b haben; c ist; d habe; e ist; f sind

H Ich war in England und es war schön. Ich war in Spanien und es war kalt. Ich war in Österreich und es war heiß. Ich war in Amerika und es war schlecht.

I a Wir waren im Freizeitpark.
b Ich hatte sechs Gäste.
c Es gab Gans mit Rosenkohl.
d Das Wetter war super.
e Meine Oma hatte viele Geschenke.
f Wo warst du?

J a Susi konnte einen Einkaufsbummel machen.
b Ich wollte ins Kino gehen.
c Wir konnten einen Stadtplan kaufen.
d Tom wollte in die Disco gehen.
e Ich konnte nicht den Reichstag besuchen.
f Wir wollten eine Schifffahrt machen.

K a Wir werden eine Theater-AG machen.
b Ich werde Basketball spielen.
c Tom wird jeden Tag E-Mails schreiben.
d Du wirst nach London fahren.
e Wir werden zu Fuß zur Schule gehen.
f Ich werde keine Süßigkeiten essen.

8 Word order *Wortstellung*

A a Ich mag Susi, weil sie lustig ist.
b Ich wohne gern hier, weil es nie langweilig ist.
c Meine Uniform ist schlecht, weil sie altmodisch ist.
d Wir verstehen uns gut, weil er immer nett ist.
e Ich wohne gern auf dem Land, weil es ruhig ist.
f Wir streiten uns, weil sie streng sind.

Hilfreiche Ausdrücke

Numbers · die Zahlen

1	eins	13	dreizehn	25	fünfundzwanzig	100	hundert
2	zwei	14	vierzehn	26	sechsundzwanzig	200	zweihundert
3	drei	15	fünfzehn	27	siebenundzwanzig	300	dreihundert
4	vier	16	sechzehn	28	achtundzwanzig	400	vierhundert
5	fünf	17	siebzehn	29	neunundzwanzig	500	fünfhundert
6	sechs	18	achtzehn	30	dreißig	600	sechshundert
7	sieben	19	neunzehn	40	vierzig	700	siebenhundert
8	acht	20	zwanzig	50	fünfzig	800	achthundert
9	neun	21	einundzwanzig	60	sechzig	900	neunhundert
10	zehn	22	zweiundzwanzig	70	siebzig	1000	tausend
11	elf	23	dreiundzwanzig	80	achtzig		
12	zwölf	24	vierundzwanzig	90	neunzig		

Days · die Wochentage

Monday	Montag
Tuesday	Dienstag
Wednesday	Mittwoch
Thursday	Donnerstag
Friday	Freitag
Saturday	Samstag
Sunday	Sonntag

Months · die Monate

January	Januar
February	Februar
March	März
April	April
May	Mai
June	Juni
July	Juli
August	August
September	September
October	Oktober
November	November
December	Dezember

Dates · die Daten

1st	1.	ersten
2nd	2.	zweiten
3rd	3.	dritten
4th	4.	vierten
5th	5.	fünften
6th	6.	sechsten
7th	7.	siebten
8th	8.	achten
9th	9.	neunten
10th	10.	zehnten
20th	20.	zwanzigsten
21st	21.	einundzwanzigsten
22nd	22.	zweiundzwanzigsten
23rd	23.	dreiundzwanzigsten
24th	24.	vierundzwanzigsten
25th	25.	fünfundzwanzigsten

Ich habe am 13. Juli Geburtstag.
My birthday is on the 13th of July.

Heiligabend ist am 24. Dezember.
Christmas Eve is on the 24th of December.

Countries · die Länder

America	Amerika
Australia	Australien
Austria	Österreich
Belgium	Belgien
England	England
France	Frankreich
Germany	Deutschland
Great Britain	Großbritannien
Greece	Griechenland
Ireland	Irland
Italy	Italien
Northern Ireland	Nordirland
Pakistan	Pakistan
Portugal	Portugal
Scotland	Schottland
Spain	Spanien
Switzerland	die Schweiz
Turkey	die Türkei
Wales	Wales

*Ich bin **nach** ... gefahren.*
*Ich bin **in die** Schweiz/Türkei gefahren.*

Continents · die Kontinente

Asia	Asien
Africa	Afrika
America	Amerika
Australasia	Australasien
Europe	Europa

Vokabular Deutsch – Englisch

A

der **Abend(-e)** evening
abends in the evening
der **Abenteuerspielplatz(-plätze)** adventure playground
aber but
die **Abkürzung(-en)** abbreviation
abwaschen to wash up
acht eight
adaptieren to adapt
die **Adresse(-n)** address
Afrika Africa
AG (Arbeitsgemeinschaft) club, study group
der **Alkohol** alcohol
alles everything
der **Alltag** daily routine
also so ..., well ..., therefore
alt old
der **Altglascontainer(-)** bottle bank
altmodisch old-fashioned
das **Altpapier** waste paper
der **Altpapiercontainer(-)** paper recycling skip
am liebsten most of all
an at
ändern to change
anderer/andere/anderes other
anfangen to begin
aufhören to finish
aufpassen to pay attention
aufstellen to put up
auspacken to unpack
auswählen to choose
ankommen to arrive
anstrengend hard work, taxing
die **Ampel(-n)** traffic light
die **Antwort(-en)** reply
der **Antwortbrief(-e)** letter in reply
antworten to answer, reply
die **Anzeige(-n)** advertisement
sich **anziehen** to get dressed
der **Apfel (Äpfel)** apple
der **Apfelsaft** apple juice
die **Apotheke(-n)** dispensing chemist's
die **Arbeit(-en)** work
arbeiten to work
arbeitslos unemployed
der **Arm(-e)** arm
der **Artikel(-)** article
der **Arzt (Ärzte)** male doctor
die **Ärztin(-nen)** female doctor
der **Asthmaspray(-s)** asthma spray
auch also
auf on
aufräumen to tidy up
aufstehen to get up
das **Auge(-n)** eye
der **Ausflug(-flüge)** outing
den Hund **ausführen** to take the dog for a walk
im **Ausland** abroad
auslassen to leave out
die **Ausrede(-n)** excuse
aussehen to look like
der **Austauschschüler(-)** male exchange pupil

die **Austauschschülerin(-nen)** female exchange pupil
austragen to deliver (newspapers)
sich **ausziehen** to get undressed
das **Auto(-s)** car

B

der **Babysitter(-)** male babysitter
die **Babysitterin(-nen)** female babysitter
baden to have a bath
das **Badezimmer(-)** bathroom
der **Bahnhof(-höfe)** station
bald soon
der **Balkon(-s)** balcony
die **Banane(-n)** banana
das **Band(-Bänder)** ribbons
die **Bank(-en)** bank
der **Bauch** stomach
der **Baum (Bäume)** tree
beantworten to answer (questions)
bei at the home of
das **Beet(-e)** flower bed
das **Bein(-e)** leg
das **Beispiel(-e)** example
bekommen to receive, get
benutzen to use
der **Berg(-e)** mountain
der **Bergsee(-n)** mountain lake
der **Beruf(-e)** job, occupation, profession
die **Bescherung(-en)** giving out of Christmas presents
beschreiben to describe
die **Beschreibung(-en)** description
besichtigen to visit, look around (a town)
besuchen to visit (a person)
besonderer/besondere/besonderes special
das **Bett(-en)** bed
das **Bild(-er)** picture
das **Billard** billiard
billig cheap
die **Birke(-n)** birch tree
ich **bin** I am
bis until
du **bist** you are
blau blue
bleiben to stay, remain
blöd stupid, silly
blond blonde
die **Blume(-n)** flower
die **Bluse(-n)** blouse
brauchen to need
braun brown
der **Brief(-e)** letter
der **Brieffreund(-e)** male penfriend
die **Brieffreundin(-nen)** female penfriend
die **Briefmarke(-n)** stamp
die **Brille(-n)** glasses
die **Broschüre(-n)** brochure
das **Brot(-e)** bread
der **Bruder (Brüder)** brother
das **Buch (Bücher)** book
der **Buntstift(-e)** coloured pencil, crayon
der **Bus(-se)** bus

die **Busfahrkarte(-n)** bus ticket
die **Bushaltestelle(-n)** bus stop

C

das **Café(-s)** café
der **Campingplatz(-plätze)** camp site
die **CD(-s)** CD
die **Chips** (pl.) crisps
die **Chipstüte(-n)** crisp packet
die **Cola(-s)** cola
der **Computer(-)** computer
das **Computerspiel(-e)** computer game
der **Cousin(-s)** male cousin
die **Cousine(-n)** female cousin
die **Currywurst(-würste)** curry sausage with spicy ketchup

D

danach afterwards
dann then
das **das** the, that
davor before
das **Datum (Daten)** date
dauern to last
decken to lay (table)
die **Dekoration(-en)** decoration
dein your
denn because
denken to think
der **der** the
deutlich clearly
Deutsch German
Deutschland Germany
der **Dialog(-e)** dialogue
die **die** the
dieser/diese/dieses this
diese (pl.) these
die **Dinosaurier(-)** dinosaur
die **Disco(-s)** disco
der **Dom(-e)** cathedral
doof silly
das **Dorf (Dörfer)** village
dort there
dort drüben over there
die **Dose(-n)** can, tin
drei three
am **dritten April** on 3 April
die **Drogerie(-n)** drugstore
der **Dschungel(-)** jungle
du you
dürfen to be allowed to
durcheinander in a mess
der **Durst (sing.)** thirst
sich **duschen** to take/have a shower
das **Duschgel** shower gel

E

das **Ei(-er)** egg
eigener/eigene/eigenes own
ein/eine/ein a/an
einige some, several
einkaufen to shop
das **Einkaufszentrum(-zentren)** shopping centre
einfach single
einladen to invite

die **Einladung(-en)** invitation
einmal one ticket
einmal once
einrichten to furnish
der **Einkaufsbummel(-)** shopping trip
der **Einwohner(-)** inhabitant
das **Eis(-)** ice-cream
die **Eisbahn** ice-rink
die **Eisdiele(-n)** ice-cream parlour/shop
der **Eisgletscher(-)** glacier ice
die **Eiszeit** ice age
erster/erste/erstes first
die **Eltern** (*pl.*) parents
die **E-Mail(-s)** e-mail
eng narrow
Entschuldigung! sorry!
der **Entschuldigungsbrief(-e)** letter of apology
er he
die **Erde** earth, soil
ernst serious
am **ersten Juli** on 1 July
der **Erwachsene(-n)** adult
es gefällt mir I like it
es gibt there is/there are
essen to eat
das **Essen(-)** food, meal
etwas something
der **Euro(-)** euro

F

die **Fabrik(-en)** factory
fahren to go, travel
der **Fahrplan(-pläne)** timetable
das **Fahrrad(-räder)** bicycle
die **Fahrt(-en)** journey, trip
falsch wrong, incorrect
die **Familie(-n)** family
die **Farbe(-n)** colour
das **Fastfood-Restaurant(-s)** fast-food restaurant
der **Fasching** carnival
faul lazy
faulenzen to laze about, relax
das **Federmäppchen(-)** pencil case
feiern to celebrate
der **Feiertag(-e)** public holiday
die **Ferien** (*pl.*) holidays
die **Ferienwohnung(-en)** holiday flat
fernsehen to watch television
festlich festive
der **Fernseher(-)** television
fett fatty
das **Feuerwerk(-e)** firework display, fireworks
das **Fieber** fever, high temperature
der **Film(-e)** film
der **Filzstift(-e)** felt-tipped pen
finden to find, think
der **Fisch(-e)** fish
die **Flasche(-n)** bottle
das **Fleisch** meat
fleißig hard-working
fliegen to fly
das **Foto(-s)** photo
der **Fotoapparat(-e)** camera
die **Frage(-n)** question
fragen to ask
Frankreich France

frech cheeky, naughty
im **Freien** in the open air
der **Freizeitpark(-s)** theme/leisure park
das **Freizeitzentrum(-zentren)** leisure centre
die **Fremdsprache(-n)** foreign language
sich **freuen** to be happy, pleased
der **Freund(-e)** male friend
die **Freundin(-nen)** female friend
freundlich friendly
froh happy
früh early
frühstücken to eat breakfast
der **Füller(-)** fountain pen
das **Fundbüro(-s)** lost property office
fünf five
für for
furchtbar terrible
der **Fuß (Füße)** foot
zu Fuß on foot
der **Fußball(-bälle)** football
Fußball spielen to play football
das **Fußballstadion(-stadien)** football stadium
füttern to feed (*animals*)

G

die **Gans(Gänse)** goose
ganz whole
gar nicht not at all
gar nichts nothing at all
der **Garten (Gärten)** garden
der **Gärtner(-)** gardener
die **Gastfamilie(-n)** host family
das **Gebäude(-)** building
geben to give
der **Geburtstag(-e)** birthday
das **Gedicht(-e)** poem
gefährlich dangerous
es **gefällt mir** I like it
gehen to go
die **Geige(-n)** violin
gelb yellow
das **Geld** money
die **Geldbörse(-n)** purse
gemein mean
das **Gemüse(-)** vegetables
die **Gesamtschule(-n)** comprehensive school
das **Geschenk(-e)** present
geradeaus straight on
es hat **geregnet** it rained
gern
ich lese gern I like reading
das **Geschäft(-e)** shop
die **Geschäftsfrau(-en)** businesswoman
der **Geschäftsmann(-leute)** businessman
das **Geschenk(-e)** present, gift
es hat **geschneit** it snowed
gestern yesterday
gesund healthy
die **Gesundheit** health
das **Getränk(-e)** drink
gewinnen to win
es **gibt** there is/are

die **Gitarre(-n)** guitar
glatt smooth
glauben to believe, think
das **Gleis(e)** platform
glücklich happy
grau grey
grillen to barbecue
Griechenland Greece
die **Grippe** flu
groß large, big
die **Großeltern** (*pl.*) grandparents
die **Großstadt(-städte)** city
grün green
die **Gruppe(-n)** group
der **Gruß (Grüße)** greeting
gut good
der **Gutschein(-e)** gift voucher

H

die **Haare** (*pl.*) hair
haben to have
das **Hähnchen(-)** chicken
es ist **halb fünf** it's half past four
der **Hals (Hälse)** neck
die **Halstablette(-n)** throat sweet
der **Hamburger(-)** hamburger
die **Hand (Hände)** hand
das **Handy(-s)** mobile phone
die **Hausaufgaben** (*pl.*) homework
zu **Hause** at home
die **Hausfrau(-en)** housewife
der **Hausmann(-männer)** house husband
das **Haustier(-e)** pet
das **Heft(-e)** exercise book
der **Heiligabend** Christmas Eve
hektisch hectic
herum around
herumalbern to fool around
die **Heimat** home, home town
heiß hot
heißen to be called
helfen to help
das **Hemd(-en)** shirt
herzlichen Glückwunsch zum Geburtstag happy birthday
der **Heuschnupfen** hay fever
heute today
die **Hilfe** help
hin und zurück return
das **Hobby(-s)** hobby
hoch high
hören to hear
die **Hose(-n)** trousers (*pl.*)
das **Hotel(-s)** hotel
der **Hund(-e)** dog
der **Husten(-)** cough

I

ich I
ihr you (*pl. informal*)
ihr her
der **Imbiss(-e)** fast food restaurant
die **Imbissstube(-n)** snack bar
immer always
Indien India
der **Informatiker(-)** male computer expert
die **Informatikerin(-nen)** female computer expert

die **Information(-en)** information
interessant interesting
im **Internet surfen** to surf the
internet
die **Internet-Seite(-n)**
internet/web page
das **Interview(-s)** interview
Irland Ireland
Italien Italy

J

die **Jacke(-n)** jacket
die **Jeans(-)** jeans (*pl.*)
jeder/jede/jedes every
jetzt now
der **Job(-s)** job
der **Jogurt(-)** yoghurt
die **Jugendherberge(-n)** youth hostel
die **Jugendlichen** (*pl.*) young
people
das **Jugendmagazin(-e)** magazine
for young people
das **Jugendzentrum(-zentren)**
youth centre
jung young
der **Junge(-n)** boy

K

der **Kaffee(-s)** coffee
der **Kakao(-s)** cocoa, hot chocolate
der **Kalender(-)** calendar
kalt cold
die **Kampagne(-n)** campaign
das **Kaninchen(-)** rabbit
die **Kantine(-n)** canteen
der **Karneval** carnival
die **Karte(-n)** card, map
die **Kartoffel(-n)** potato
der **Kartoffelsalat(-e)** potato salad
der **Käse** cheese
die **Kassette(-n)** cassette
der **Kassettenrecorder(-)** cassette
recorder
die **Katze(-n)** cat
kaufen to buy
das **Kaufhaus(-häuser)** department
store
kein not any, none
der **Keks(-e)** biscuit
der **Keller(-)** cellar
der **Kellner(-)** waiter
die **Kellnerin(-nen)** waitress
der **Kilometer(-)** kilometer
das **Kind(-er)** child
das **Kino(-s)** cinema
die **Klasse(-n)** class
klasse! excellent, great!
das **Klavier(-e)** piano
das **Kleid(-er)** dress
die **Kleidung** clothes
klein small
das **Knie(-)** knee
kochen to cook
der **Kochkurs(-e)** cookery course
der **Koffer(-)** suitcase
kompliziert complicated
können to be able to, can
der **Kontinent(-e)** continent
das **Konzert(-e)** concert
die **Konzertbühne(-n)** concert stage

der **Kopf (Köpfe)** head
die **Kopfschmerzen** (*pl.*) headache
kosten to cost
das **Kraftwerk(-e)** power station
das **Krankenhaus(-häuser)** hospital
der **Krankenpfleger(-)** male nurse
die **Krankenschwester(-n)** female
nurse
die **Kräuter** (*pl.*) herbs
die **Krawatte(-n)** tie
die **Kreuzung(-en)** crossroads
die **Küche(-n)** kitchen
der **Kuchen(-)** cake
der **Kuli(-s)** ballpoint pen, biro
kurz short
die **Küste(-n)** coast

L

das **Labor(-e)** laboratory
das **Lagerfeuer(-)** camp fire
das **Lebensmittelgeschäft(-e)**
grocer's
das **Lamm (Lämmer)** lamb
das **Land (Länder)** country, land,
countryside
auf dem Land in the country
lang long
langsam slowly
langweilig boring
der **Lärm** noise
launisch moody
laut loud, noisy
das **Leben(-)** life
lecker tasty
aus **Leder** made from leather
der **Lehrer(-)** male teacher
die **Lehrerin(-nen)** female teacher
leider unfortunately
Leid tun
das tut mir Leid I'm sorry
leise quiet
lernen to learn
lesen to read
die **Leute** (*pl.*) people
lieb nice
lieber/liebe dear ...
**lieber – ich wohne lieber auf
dem Land** I prefer to live in
the country
am **liebsten** most of all
**ich trage am liebsten
Jeans** I like wearing jeans
most of all
die **Lieblingsfarbe(-n)** favourite
colour
die **Lieblingsgruppe(-n)** favourite
group
der **Lieblingsstar(-s)** favourite star
lila purple, lilac
die **Limonade(-n)** lemonade
das **Lineal(-e)** ruler
die **Linie(-n)** line, route
links left
die **Liste(-n)** list
der **LKW-Fahrer(-)** male truck
driver
die **LKW-Fahrerin(-nen)** female
truck driver
lockig curly
los
was ist los? what's the matter?

die **Lotion(-en)** lotion
das **Lotto(-s)** bingo
die **Luft** air
lustig funny

M

machen to make, do
das **Mädchen(-)** girl
ich **mag** I like
das **Make-up** make-up
malen to paint
man one, you
der **Manager(-)** male manager
die **Managerin(-nen)** female
manager
manchmal sometimes
der **Markt (Märkte)** market
das **Medikament(-e)** medicine
meinen to think
die **Meinung(-en)** opinion
der **Mensch(-en)** human being
der **Meter(-)** metre
die **Milch** milk
die **Million(-en)** million
das **Mineralwasser** mineral water
mit with
mitmachen to join in
mittags at midday
um **Mitternacht** at midnight
die **Mode(-n)** fashion
das **Modell(-e)** model
mögen to like
das **Modegeschäft(-e)** clothes shop
der **Monat(-e)** month
morgen tomorrow
morgens in the morning
das **Motorrad(-räder)** motorbike
müde tired
der **Müll** rubbish
das **Museum (Museen)** museum
die **Musik** music
das **Müsli** muesli
müssen to have to, must
die **Mutter (Mütter)** mother
die **Mütze(-n)** cap

N

nach after; to (*a place*)
die **Nachhilfe** extra tuition
nächster/nächste/nächstes
next
der **Nachmittag(-e)** afternoon
die **Nachricht(-en)** message
nachschauen to look up
das **Nähen** sewing
der **Name(-n)** name
die **Nase(-n)** nose
die **Natur** nature
neben near, next to
neblig foggy
nehmen to take
nein no
nervös nervous
nett nice
neu new
nicht not
nichts nothing
nie never
der **Nikolaus (Nikoäuse)** Saint
Nicholas

noch nor
noch still
die Note(-n) grade
die Nudeln (*pl.*) pasta
nur only
die Nuss(Nüsse) nut
nützlich useful

O

oben above
das Obst (*sing.*) fruit
der Obstbaum(-bäume) fruit tree
oder or
oft often
das Ohr(-en) ear
der Ohrring(-e) earring
die Oma(-s) grandma
der Onkel(-) uncle
der Opa(-s) grandpa
orange orange (*colour*)
organisieren to organise
der Ort(-e) place, village
der Osterhase(-n) easter bunny
Ostern Easter
Österreich Austria

P

die Pantomime(-n) pantomime
das Papier(-e) paper
der Park(-s) park
der Parkplatz(-plätze) parking space
die Party(-s) party
der Partykeller(-) basement room equipped for parties
das Pausenbrot(-e) sandwich
das Pestizid(-e) pesticide
das Pferd(-e) horse
die Pflanze(-n) plant
pflanzen to plant
das Pfund(-e) pound
das Picknick(-s) picnic
der Pilz(-e) mushroom
das Plakat(-e) poster, placard
der Plan (Pläne) plan
aus Plastik made from plastic
die Plastiktüte(-n) plastic bag
der Polizist(-en) policeman
die Polizistin(-nen) policewoman
die Popband(-s) pop group/band
das Popkonzert(-e) pop concert
der Popstar(-s) pop star
die Post post office
der Postbote(-n) postman
die Postbotin(-nen) postwoman
die Postkarte(-n) postcard
pro per
einmal pro Tag once a day
das Problem(-e) problem
der Pullover(-) jumper
putzen to clean

R

das Rad (Räder) bicycle
der Radiosender(-) radio station
die Radiosendung(-en) radio programme
der Radiospot(-s) radio commercial
die Radtour(-en) cycling tour
der Rasen(-) lawn

das Ratespiel(-e) guessing game
das Rathaus(-häuser) town hall
rauchen to smoke
der Rechner(-) calculator
rechts right
rechts on the right
das Recyclingpapier recycled paper
die Reihenfolge(-n) order
der Reis rice
das Reisebüro(-s) travel agent's
rennen to run
der Reporter(-) male reporter
die Reporterin(-nen) female reporter
das Resultat(-e) result
richtig correct, right
der Rock (Röcke) skirt
rosa pink
rot red
der Rotkohl red cabbage
der Rücken(-) back
der Rucksack(-säcke) rucksack
ruhig quiet, peaceful

S

der Saft (Säfte) juice
sagen to say
die Sahne cream
der Salat(-e) salad, lettuce
samstags on Saturdays
der Satz (Sätze) sentence
sauber clean
schade! what a pity/shame!
der Schauspieler(-) actor
die Schauspielerin(-nen) actress
die Scheibe(-n) slice
schicken to send
der Schirm(-e) umbrella
schlafen to sleep
das Schlafzimmer(-) bedroom
schlecht bad
schließlich finally
schlimm bad, awful
das Schloss (Schlösser) castle
das Schlüsselwort(-wörter) key word
der Schmetterling(-e) butterfly
der Schmuck (*sing.*) jewellery
schneiden to cut
schnell quickly
der Schnupfen cold
die Schokolade chocolate
schön beautiful, nice
Schottland Scotland
schrecklich terrible, awful
schreiben to write
der Schreibwarenladen(-läden) stationery shop
schüchtern shy, timid
der Schuh(-e) shoe
die Schule(-n) school
der Schüler(-) male pupil
die Schülerin(-nen) female pupil
das Schulfest(-e) schoolparty
der Schulhof(-höfe) school yard
das Schuljahr(-e) school year
die Schulklasse(-n) school class
die Schultasche(-n) school bag
schwarz black
die Schweiz Switzerland
die Schwester(-n) sister

das Schwimmbad(-bäder) swimming pool
schwimmen to swim
der See(-n) lake
segeln sailing
die Sehenswürdigkeiten (*pl.*) sights, attractions
sehr very
die Seife(-n) soap
sein to be
sein his
seit since
die Seite(-n) page
der Sekretär(-e) male secretary
die Sekretärin(-nen) female secretary
selten rarely
das Shampoo(-s) shampoo
sie she/they
Sie you (formal)
silber silver
das Silvester New Year's Eve
wir sind we are
sitzen bleiben to stay back a year
das Skateboard(-s) skateboard
die Skateboardbahn(-en) skateboard park
Ski fahren to go skiing
der Sommer(-) summer
die Sommerferien (*pl.*) summer holidays
sonnig sunny
das Souvenir(-s) souvenir
Spanien Spain
spannend exciting
sparen to save
die Sparkasse(-n) bank
der Spaß fun
später later
die Speisekarte(-n) menu
der Spiegel(-) mirror
das Spiel(-e) play, game
spielen to play
die Spielhütte(-n) play hut
der Spinat spinach
die Sprechblase(-n) speech bubble
die Stadt (Städte) town
die Stadtmitte town centre
der Stadtplan(-pläne) street map
der Stadtrand outskirts, suburbs
Staub saugen to vacuum
der Steckbrief(-e) description of personal details
die Stereoanlage(-n) hi-fi system
die Stiefmutter(-mütter) stepmother
der Stiefvater(-väter) stepfather
stimmen to be right, correct
das stimmt! that's right!
aus Stoff made from fabric
der Strand (Strände) beach
die Straßenbahn(-en) tram
sich streiten to argue
wir streiten uns immer we're always arguing
streng strict
die Strumpfhose(-n) tights (*pl.*)
die Stunde(-n) hour
suchen to look for
der Süden south
super great, excellent

der Supermarkt(-märkte) supermarket
die Süßigkeit(-en) sweet
das Sweatshirt(-s) sweatshirt
sympathisch nice

T

die Tabelle(-n) table, chart
der Tag(-e) day
das Tagebuch(-bücher) diary
täglich daily
der Takt tact
der Tannenbaum(-bäume) Christmas tree
die Tankstelle(-n) petrol station
die Tante(-n) aunt
tanzen to dance
die Tasche(-n) bag, pocket
das Taschengeld pocket money
der Tee tea
die Telefonkarte(-n) telephone card
teuer expensive
das Theater(-) theatre
das Thema (Themen) topic
der Thunfisch tuna
das Tier(-e) animal
der Tierarzt(-ärzte) male vet
die Tierärztin(-nen) female vet
der Tisch(-e) table
das Tischtennis table tennis
die Toilette(-n) toilet
toll great, excellent
die Tomate(-n) tomato
die Tomatensoße(-n) tomato sauce
total totally
trainieren to train
das Trainingslager(-) training camp
tragen to wear, carry
der Trainingsanzug(-anzüge) tracksuit
traurig sad
treffen to meet
Sport treiben to do sport
trennbar separable
trennen to separate
trinken to drink
der Tropf(-en) drop
der Truthahn(-hähne) turkey
das T-Shirt(-s) T-shirt
Turnen PE, gymnastics
die Turnschuhe (pl.) trainers

U

die U-Bahn(-en) underground train
die Überraschung(-en) surprise
die Übung (-en) activity, exercise
die Uhr(-en) watch, clock
um 13 Uhr at 1 o'clock
um at
die Umfrage(-n) survey
umsteigen to change
die Umwelt environment
umweltfeindlich environmentally unfriendly
umweltfreundlich environmentally friendly
die Umweltorganisation(-en) environmental agency

die Umweltverschmutzung pollution
umziehen to move
der Umzug(Umzüge) move
und and
unfreundlich unfriendly
ungeduldig impatient
ungerecht unfair
die Uniform(-en) uniform
unten below
unter beneath, underneath
der Urlaub holiday
usw. (und so weiter) etc.

V

der Vater (Väter) father
der Vegetarier(-) male vegetarian
die Vegetarierin(-nen) female vegetarian
vegetarisch vegetarian
verändern to change
verdienen to earn
der Verein(-e) clubs
vergessen to forget
der Verkäufer(-) male shop assistant
die Verkäuferin(-nen) female shop assistant
der Verkehr traffic
verlieren to lose
vermischen to mix up
verschieden various
verstehen to understand
das Video(-s) video
viel/viele much/many
vier four
es ist Viertel vor/nach ... it's quarter to/past ...
der Verwandte relative
der Vogel (Vögel) bird
die Vokabel(-n) vocabulary
von from
vor in front of
im voraus in advance
der Vulkan(-e) volcano

W

wählen to choose
der Wald (Wälder) wood
wandern to go for a walk, stroll
wann? when?
war/waren was/were
was? what?
waschen to wash
sich waschen to have a wash
das Wasser water
die Webseite(-n) web site
weder neither
weg away
weh tun to hurt
wo tut es weh? where does it hurt?
der Weihnachtsfeiertag Christmas Day
der Weihnachtsmann(-männer) Father Christmas
weil because
weiß white
die Wiese(-n) meadow
wissen to know
welcher/welche/welches? which?

der Wellensittich(-e) budgerigar
die Welt(en) world
wenig little
wer? who?
Werken handicrafts, woodwork
der Wettbewerb(-e) competition
das Wetter weather
der Wetterbericht weather report, forecast
wichtig important
wie? how?
wieder again
wiederholen to repeat
die Wiederholung(-en) revision
windig windy
der Winter(-) winter
das Wintergebiet(-e) winter area, winter region
wir we
wo? where?
die Woche(-n) week
das Wochenende(-n) weekend
wofür? what for?
wohin? where to?
wohnen to live
das Wohnmobil(-e) motor home
die Wohnung(-en) flat
der Wohnwagen(-) caravan
das Wohnzimmer(-) living room
wolkig cloudy
wollen to want
das Wort (Wörter) word
die Wortendung(-en) word ending
das Wörterbuch(-bücher) dictionary
die Wortstellung(-en) word order
das Würfelspiel(-e) word game
das Würstchen(-) sausage

Z

die Zahl(-en) number
der Zahn (Zähne) tooth
die Zahnpasta toothpaste
zehn ten
zeichnen to draw
zeigen to show
die Zeitschrift(-en) magazine
die Zeitung(-en) newspaper
der Zeitungskiosk(-e) newspaper kiosk
das Zelt(-e) tent
zerschneiden to cut up
der Zettel(-) note, bill, receipt
ziemlich quite, rather
die Zigarette(-n) cigarette
das Zimmer(-) room
der Zoo(-s) zoo
zu (zum/zur) to (a place)
zu Fuß on foot
zu Hause at home
der Zucker sugar
der Zug (Züge) train
zuhören to listen to
die Zukunft future
die Zusammenfassung(-en) summary
zwei two
zweimal two tickets
am zweiten Mai on 2 May
zweiter/zweite/zweites second

Vokabular Englisch – Deutsch

A

air	die Luft
alcohol	der Alkohol
to be allowed	dürfen
always	immer
arm	der Arm(-e)
arrogant	arrogant
at all	überhaupt

B

back	der Rücken(-)
bag	die Tasche(-n), die Tüte(-n)
to bath	baden
because	weil
before	vor
best	am besten
blond	blond
boat trip	die Schifffahrt(-en)
bottle bank	der Altglascontainer(-)
to bring, take	bringen
brochure	die broschüre(-n)
bus number	die Linie(-n)
businessman	der Geschäftsmann (-leute)
businesswoman	die Geschäftsfrau(-en)

C

camera	der Fotoapparat(-e)
camper van	das Wohnmobil(-e)
canteen	die Kantine(-n)
caravan	der Wohnwagen(-)
carneval	der Fasching, der Karneval
to change	umsteigen
Christmas Day	der 1. Weihnachtsfeiertag
Christmas Eve	der Heiligabend
Christmas tree	der Tannenbaum(-bäume)
city	die Großstadt(-städte)
to clean	putzen
clothes	die Kleidung (sing.)
coast	die Küste(-n)
cold	der Schnupfen
to come	kommen
complicated	kompliziert
comprehensive school	die Gesamtschule(-n)
computer technician	der/die Informatiker/ Informatikerin (-/-nen)
cough	der Husten
crossroads	die Kreuzung(-en)
curly	lockig

D

daily	täglich
dangerous	gefährlich
to deliver	austragen
difficult	schwierig
direct	direct
to do the shopping	einkaufen
doctor	der/die Arzt/Ärztin (Ärzte/-nen)
drop	der Tropfen(-)

E

ear	das Ohr(-en)
earring	der Ohrring(-e)
earth	die Erde
easy	einfach
environment	die Umwelt
environmentally friendly	umweltfreundlich
excursion	der Ausflug(-flüge)
excuse me	Entschuldigung
eye	das Auge(-n)

F

fabric	aus Stoff
factory	die Fabrik(-en)
fancy-dress party	die Faschingsfete(-n)
Father Christmas	der Weihnachtsmann (-männer)
to feed	füttern
fever	das Fieber
to finish	aufhören
fireman	der Feuerwehrmann (-männer)
firewoman	die Feuerwehrfrau(-en)
flu	die Grippe
to fly	fliegen
to fool around	herumalbern
foot	der Fuß(Füße)
for	für
forest	der Wald(Wälder)
fountain pen	der Füller(-)
friend (female)	die Freundin(-nen)
friend (male)	der Freund(-e)
from	von

G

to get dressed	sich anziehen
to get undressed	sich ausziehen
to get up	aufstehen
to get	bekommen
glasses	die Brille(-n)
gold	gold

H

hair	das Haar(-e)
hand	die Hand(Hände)
to have to	müssen
hay fever	der Heuschnupfen
head	der Kopf(-öpfe)
health	die Gesundheit
healthy	gesund
hectic	hektisch
to help	helfen
holiday apartment	die Ferienwohnung(-en)
host family	die Gastfamilie(-n)
hotel	das Hotel(-s)
househusband/ housewife	der/die Hausmann/ Hausfrau (-männer/-en)
to hurt	weh tun

I

I'm sorry	das tut mir Leid
impatient	ungeduldig
invitation	die Einladung(-en)
to invite	einladen

J

jacket	die Jacke(-n)
jeans	die Jeans(-)
job	der Beruf(-e)

K

knee	das Knie(-e)

L

to learn	lernen
leather	aus Leder
left	links
leg	das Bein(-e)
lights	die Ampel(-n)
to like sth.	es gefällt mir
to like	gefallen
list	die Liste(-n)
long	lang
to look like	aussehen
lorry driver	der/die LKW-Fahrer/ LKW-Fahrerin (-/-nen)
to lose	verlieren
lotion	die Lotion(-en)
lovely	lieb

M

magazine	die Zeitschrift(-en)
make-up	das Make-up(-s)
mark	die Note(-n)
mean	gemein
mechanic	der/die Mechaniker/in (-/-nen)
medicine	das Medikament(-e)
to meet	treffen
modern	modern
moody	launisch
mountain	der Berg(-e)
my best	bester/beste/bestes

N

nature	die Natur
to need	brauchen
neither	weder
never	nie
next	der/die/das nächste
noise	der Lärm
nor	noch
nose	die Nase(-n)
nurse	der/die Krankenpfleger/ Krankenschwester(-/-n)

O

office worker	der/die Büroarbeiter/ Büroarbeiterin (-/-nen)
often	oft
old-fashioned	altmodisch
once	einmal

P

paper bank	der Altpapiercontainer(-)
parents	die Eltern (pl.)
party game	das Partyspiel(-e)
party room	der Partykeller(-)
party	die Party(-s)
patient	geduldig
to pay attention	aufpassen
people	der Mensch(-en)
per	pro
pesticides	die Pestizide
plant	die Pflanze(-n)

plastic bag	die Plastiktüte(-n)
plastic	aus Plastik
pleasant	sympathisch
pocket money	das Taschengeld
police officer	der/die Polizist/ Polizistin(-en/-nen)
pollution	die Umweltverschmutzung
postman/ postwoman	der/die/Briefträger/ Briefträgerin(-/-nen)
power station	das Kraftwerk(-e)
problem	das Problem(-e)

R

recycled paper	das Recyclingpapier
return	hin und zurück
right	rechts
rubbish	der Müll (sing.)
rucksack	der Rucksack(-äcke)

S

to save	sparen
school bag	die Schultasche(-n)
school fete	die Schulfete(-n)
school report card	das Schulzeugnis(-se)
secretary	der/die Sekretär/ Sekretärin(-e/-inen)
seldom	selten
to separate	trennen
to set the table	den Tisch decken
shirt	das Hemd(-en)
shoe	der Schuh(-e)
shop assistant	der/die Verkäufer/ Verkäuferin(-/-nen)
shopping trip	der Einkaufsbummel(-)
short	kurz
should	sollen
to shower	duschen
shy	schüchtern
sights	die Sehenswürdigkeiten (pl.)
sightseeing trip	die Stadtrundfahrt(-en)
silver	silber
since	seit
to sing	singen
single	einfach
skirt	der Rock(Röcke)
to smoke	rauchen
sock	der Socken(-)
sometimes	manchmal
souvenir	das Souvenir(-s)
to start	anfangen
to stay	bleiben
to stay back a year	sitzen bleiben
stomach	der Bauch(Bäuche)
straight	glatt
straight on	geradeaus
street map	der Stadtplan(-pläne)
strict	streng
suitcase	der Koffer(-)
sweets	die Süßigkeiten (pl.)

T

tablet	die Tablette(-n)
to take	nehmen
teacher	der/die Lehrer/Lehrerin (-/-nen)
tent	das Zelt(-e)
three times	dreimal
throat	der Hals(Hälse)
to tidy	aufräumen

tie	der Schlips(-e)
tights	die Strumpfhose(-n)
timetable	der Fahrplan(-pläne)
tolerant	tolerant
tooth	der Zahn(Zähne)
tracksuit	der Trainingsanzug (-anzüge)
traffic	der Verkehr
trainers	der Turnschuh(-e)
trousers	die Hose(-n)
t-shirt	das T-Shirt(-s)
twice	zweimal

U

umbrella	der Schirm(-e)
unfriendly	unfreundlich
unhealthy	ungesund
uniform	die Uniform(-en)
useful	nützlich

V

to vacuum	Staub saugen
vet	der/die Tierarzt/ Tierärztin(-ärzte/-nen)
to visit	besichtigen, besuchen
vocabulary	die Vokabel(-n)

W

waiter/waitress	der/die Kellner/Kellnerin (-/-nen)
walk	der Spaziergang(-gänge)
wallet	die Brieftasche(-n), die Geldbörse(-n)
to wash	sich waschen
to wear	tragen
with (it)	davon
wrong	fehlen

Y

youth hostel	die Jugendherberge(-n)